# MYSTIFICATEURS

## ET

## MYSTIFIÉS

### HISTOIRES COMIQUES

PAR

## P.-L. JACOB

BIBLIOPHILE

---

ORIGINES DE LA MYSTIFICATION

LES CORRESPONDANCES DE CAILLOT-DUVAL

LES REPAS DE GRIMOD DE LA REYNIÈRE

LES DÉJEUNERS DES MYSTIFICATEURS
DU PALAIS-ROYAL

---

PARIS
CHEZ TOUS LES LIBRAIRES
—
1875

*A mon cher collègue et ami Édouard Thierry*

*Paul Lacroix*

# MYSTIFICATEURS

ET

# MYSTIFIÉS

PARIS. — TYPOGRAPHIE DE CH. MEYRUEIS

13, RUE CUJAS.

# MYSTIFICATEURS

ET

## MYSTIFIÉS

HISTOIRES COMIQUES

PAR

### P. L. JACOB
BIBLIOPHILE

---

ORIGINES DE LA MYSTIFICATION

—

LES CORRESPONDANCES DE CAILLOT-DUVAL

—

LES REPAS DE GRIMOD DE LA REYNIÈRE

—

LES DÉJEUNERS DES MYSTIFICATEURS
DU PALAIS-ROYAL

---

PARIS
CHEZ TOUS LES LIBRAIRES
—
1875

A MADAME ALEX. CIECHANOVIECKA

NÉE DE RISNITCH.

Si je n'avais que l'embarras du choix, ce n'est pas cet ouvrage que je choisirais, pour vous l'offrir, Madame, pour y attacher votre nom, pour le placer sous vos auspices; mais, après tant de volumes accumulés depuis tant d'années, je n'ose plus espérer d'en publier beaucoup, et je dois me dire, à chaque nouvel ouvrage que j'ajoute encore à la trop volumineuse collection de mes œuvres : « Celui-ci sera le dernier! »

Il faut pourtant que je laisse, après moi, sur

un livre imprimé, le souvenir impérissable de la respectueuse et profonde affection que je vous ai vouée. Peu importe le livre. C'est, en quelque sorte, une pierre, un marbre, où je grave l'inscription commémorative. La dédicace d'un livre ne correspond presque jamais au caractère de la personne qui daigne accepter cette dédicace. Pierre Corneille dédiait la comédie du Menteur à un des plus austères seigneurs de la cour; Molière, l'Ecole des Maris, à Monsieur, frère unique du roi, et l'Ecole des Femmes, à Madame, la célèbre Henriette d'Angleterre.

Si j'avais à composer un ouvrage qui dût avoir quelque analogie avec la distinction de votre nature et la supériorité de votre intelligence, avec l'éclat de votre esprit, avec les délicatesses de votre bonté exquise, avec le charme de votre conversation, avec les grâces infinies qui multiplient autour de vous les sympathies et les dévouements, à Paris comme à Saint-Pétersbourg, à Varsovie comme à Stockholm, je désespérerais de mon travail, avant de l'avoir entrepris.

Vous êtes maintenant, Madame, bien loin de

notre France et des amis qui vous y attendent toujours, qui ne vous reverront peut-être pas, et moi, qui vis retiré du monde, au milieu des morts représentés par de vieux livres, j'écris votre nom sur ces livres, comme Robinson, dans son île déserte, traçait sur l'écorce des arbres un chiffre mystérieux qui évoquait le passé et qui peuplait son éternelle solitude.

1ᵉʳ mai 1875.

P. L.

# ORIGINES DE LA MYSTIFICATION

# ORIGINES DE LA MYSTIFICATION

Il y a eu des mystificateurs et, par conséquent, des mystifiés, bien longtemps avant que la langue française se fût enrichie de ces néologismes qui expriment ce qu'on entendait autrefois par *gausseurs*, *moqueurs*, *raillards*, etc., et par *bernés*, *camus*, *lanternés*, etc.

A vrai dire, la Mystification a existé dans tous les temps et dans tous les pays; mais elle a eu naturellement plus de raison d'être en France que partout ailleurs.

Le caractère national est essentiellement gai, malin et narquois; il l'était, du moins, au bon vieux temps; il l'a été jusqu'au nôtre, où il s'est fait sérieux, grave et morose, en passant par l'anglomanie. Il reprendra tôt ou tard, nous l'espérons, ses bonnes habitudes gauloises, et l'on rira encore en France comme on y savait rire quand nos pères enseignaient à leurs enfants cet axiome fondamental que le joyeux Rabelais a inscrit au frontispice de son *Gargantua* : « Le rire est le propre de l'homme. »

En parlant de l'*homme*, Rabelais pensait surtout à son lecteur, qui ne pouvait être que Français, *Gaulois* et *Gallois*, c'est-à-dire *bon compagnon*, que nous avons assez mal changé en *bon vivant*.

C'était donc pour rire et pour faire rire, qu'on mystifiait les simples et les innocents. Tant pis pour le mystifié! on le sacrifiait impitoyablement à la gaieté d'un chacun; riait qui voulait, et la pauvre victime de la plaisanterie n'avait pas le droit de se fâcher, à moins de s'en prendre à elle-même, à sa candeur, à sa naïveté, à sa crédulité.

Ouvrez nos anciens conteurs, depuis les trouvères : vous y trouverez à chaque page la preuve de ce goût des Français pour la Mystification ; le mot n'est pas encore né, mais la chose y est, pétrie de malice et de farce. C'est une tradition qui se perpétue dans toutes les classes de la société, qui se mêle aux principales cérémonies de la vie privée, aux mariages surtout, et qui règne de préférence à certaines époques de l'année, le jour des Saints-Innocents, le jour des Rois, le mardi gras, le premier jour de mai, etc.

Dieu sait l'imagination enjouée, folle et graveleuse, que déployaient alors nos dignes ancêtres, et cela pour donner à rire aux spectateurs ! Aussi, comme on riait de bonne humeur en ce gentil pays de France !

La Mystification avait introduit dans le langage une foule d'expressions proverbiales qui n'ont pas tout à fait disparu : On disait du mystificateur : *Servir un plat de son métier*, et du mystifié : *Donner dans la nasse* ou *dans le panneau*.

Le Panurge de Rabelais est le type par excellence du mystificateur d'autrefois ; et, que Rabelais ait créé un personnage de fantaisie ou qu'il ait représenté d'après nature quelqu'un de ses contemporains, il n'en a pas moins dessiné un caractère fort divertissant, qui n'a jamais manqué de vérité, et qui restera vrai, tant que la mystification sera une tendance naturelle et un besoin presque impérieux chez certains esprits.

Avant Rabelais, le roi Louis XI, qui était un terrible rieur, avait enregistré dans ses *Cent Nouvelles nouvelles* les faits et gestes des mystificateurs de son temps. Louis XI se mêlait aussi de mystifier le pauvre monde, mais ne riaient pas toujours ceux qui étaient partie intéressée dans ses royales mystifications : ainsi, on se rappelle que, condamnant à la potence un conseiller de parlement, il ordonna que cet honorable personnage fût pendu avec son chaperon sur la tête, de peur qu'il ne s'enrhumât, dit-il, et pour qu'il fût traité selon ses mérites et dignités.

On rencontre donc des mystificateurs et des mystifiés, à toutes les époques ; ils jouent leur rôle à la cour des rois comme dans les derniers rangs du peuple ; les uns se divertissent aux dépens des autres, et ceux-ci semblent mis au monde pour les menus plaisirs de ceux-là.

Le nombre des sots est infini, disait Salomon (*stultorum infinitus est numerus*), et cette devise fut adoptée au quinzième siècle par la confrérie de la Mère-Sotte, qui avait pour mission, dans les premiers âges de notre théâtre comique, d'amuser le public en le corrigeant par la représentation et la critique des vices, des travers et des ridicules de l'humanité.

Ces joueurs de farces et de *soties* étaient de véritables mystificateurs, de la plus fine espèce, et leur répertoire satirique ne formait qu'une continuelle mystification, dans laquelle la Comédie naissante présentait le miroir aux mystifiés, qui riaient de leur image sans se reconnaître.

Ce fut un trait d'audace et de folâtrerie de la part des suppôts de la Basoche sous le règne de Louis XII, lorsqu'ils firent paraître, dans un de leurs *jeux*, le roi lui-même sous la figure d'un vieil avare qui avait caché sa gloire dans un pot d'or et qui n'y trouvait plus que de l'ordure.

Louis XII, au lieu de se fâcher et de punir, donna le signal des rires et des applaudissements.

Mais ce ne fut qu'au milieu du dix-huitième siècle, que la Mystification devint un art et un talent de société.

Alors seulement, le mot fut composé avec tous ses dérivés. Alors ce mot, né de la nécessité de traduire un fait qui semblait nouveau, fit son chemin dans le monde, avant d'avoir obtenu la consécration du temps et de l'Académie.

On raconte que le poëte Antoine Poinsinet, surnommé le *petit Poinsinet*, à cause de l'exiguïté de sa taille, qui contrastait avec l'immensité de son orgueil, fut, à son insu, le parrain du mot *mystification* et de ses annexes. Il était d'une crédulité si ébouriffante, qu'il devint le héros d'une foule de plaisanteries que ses amis se faisaient un malin plaisir d'imaginer à ses dépens; il se jetait en aveugle dans tous les piéges qu'on lui tendait, et il ne s'aperçut jamais, grâce à une absence totale de sens commun, qu'il avait été dupe et qu'il servait de jouet ou de plastron à de cruels mystificateurs.

On peut assigner une date certaine à la naissance du mot *mystification*, puisque le petit Poinsinet commença vers 1755 à se faire connaître dans le monde des auteurs; il n'avait pas plus de vingt ans et il composait facilement des vers spirituels; mais il était, d'ailleurs, d'une niaiserie et d'une ignorance prodigieuses, qui, combinées avec sa vanité énorme, le rendaient admirablement propre à tous les genres de bernage et de camusade, qui furent appelés d'abord *poinsinetades* et bientôt *mystifications*.

Ce mot-là était forgé et avait cours dans les coulisses, les cafés et même les boudoirs, avant la mort de son illustre parrain, qui se noya dans le Guadalquivir, à Cordoue, le 7 juin 1769.

On ne sait quel est l'inventeur de ce mot, qui paraît venir de main de maître; car il est formé d'après les règles de la syntaxe étymologique et se trouve taillé, en quelque sorte, sur le patron du mot *sacrification*.

Cependant, il ne figure pas encore dans l'édition du grand *Dictionnaire de Trévoux*, publiée en 1771, dans laquelle le dernier éditeur, l'abbé Brillant, avait admis seulement les mots *mystagogue* et *myste*. Or, ces deux mots étaient en usage dans le seizième siècle, et Rabelais les avait employés, sans doute le premier, pour désigner l'initiateur et l'initié aux mystères du culte de quelque divinité.

1.

*Mystagogue* et *myste* sont tout à fait latins, puisque Cicéron avait déjà tiré du grec *mystagogus* et *mystis*. La basse latinité du moyen âge ne fournissait que le verbe *mysticare*, qui signifiait : renfermer un sens mystique. Nous avons cherché vainement *mystifier* et *mystification*, antérieurement au siècle de l'illustre Poinsinet.

Le mot *mystification* est écrit pour la première fois dans un ouvrage de Jean Monet, qui a publié, en 1773, à la suite de *Mémoires sur sa vie*, des aventures comiques, nommées « les *Mystifications du petit P\*\*\**. » Jean Monet a cru devoir autoriser ce néologisme, par une note ainsi conçue :

« On entend par *mystifications* les piéges dans lesquels on fait tomber un homme simple et crédule, que l'on veut persifler. »

Cette définition a été sanctionnée et adoptée depuis par tous les lexicographes français, et même par l'Académie, qui a dit dans la dernière édition de son Dictionnaire :

« MYSTIFICATION, action de mystifier.

« MYSTIFIER, abuser de la crédulité de quelqu'un pour s'amuser à ses dépens. »

Honneur donc à Poinsinet le mystifié!

On a oublié jusqu'aux titres de ses opéras-comiques, jusqu'à cette tragédie lyrique, *Ernelinde*, qui faisait son orgueil avant que l'Académie royale de musique l'eût représentée, en 1767, devant la cour de Versailles. On a même oublié sa charmante comédie du *Cercle, ou la Soirée à la mode;* on ne se souvient pas même de ses vers libertins, de son Cantique de saint Roch et de ses *Tablettes des Paillards*. Mais, tant que la langue française n'aura pas fait place au tudesque, on se servira des mots *mystification, mystificateur, mystifié*.

Certes, il n'est pas donné à tous les poëtes d'opéra-comique de faire entrer un mot nouveau dans le Dictionnaire de l'Académie.

Après la fin de la triste odyssée de Poinsinet, la Mystification fit fureur; c'était une mode très-goûtée dans les sociétés les plus raffinées. Il y eut des mystificateurs émérites qui se donnaient la tâche délicate d'amuser la galerie aux dépens de quelque bonne âme; il y eut des mystifiés de profession ou d'habitude, mais aucun n'égala jamais la candeur et l'insolente jactance de maître Poinsinet.

Le métier de mystificateur n'était pas sans péril et sans désagrément : le mystifié se regimbait souvent, et la farce se terminait parfois en tragédie, car le mystificateur n'avait pas toujours l'avantage l'épée à la main.

Néanmoins, malgré les fâcheuses conséquences de l'art des mystifications, cet art ne manquait pas de desservants et de prosélytes qui le cultivaient avec ferveur. Tous les rieurs se tournaient d'habitude contre le mystifié et le forçaient de subir la peine de sa crédulité.

Ce fut principalement dans les petits soupers de l'aristocratie et de la finance, que la présence d'un mystificateur habile semblait indispensable : le rire assaisonnait les plats et ne frelatait pas les vins ; mais de quoi rire, sinon de son prochain ?

La révolution de 1789 refroidit un peu la verve des mystificateurs ; puis, les temps devenant plus sombres et plus menaçants, on ne soupa plus, on ne sentit plus le besoin de rire.

La Mystification aurait eu mauvaise grâce vis-à-vis du tribunal révolutionnaire, et le Comité de Salut public aurait tenu le rire pour suspect. Le mystifié pouvait demander la tête du mystificateur. On guillotina, on emprisonna, on déporta, mais on ne mystifia personne. On n'eût pas, à cette époque, entendu rire franchement et pleinement, d'un bout de la France à l'autre.

Les mystificateurs avaient émigré.

Ils reparurent sous le Directoire ; ils furent invités aux soupers de Barras et de Tallien ; ils n'avaient pas vieilli, ils ne radotaient pas encore. On se remit donc à rire et surtout aux dépens d'autrui.

Le métier de mystificateur n'était pas tout à fait improductif ; on y gagnait çà et là quelques rebuffades, quelques bastonnades, voire même quelques pistolades ; mais on y gagnait surtout des invitations à déjeuner, à dîner, à souper. Un mystificateur en renom aurait pu ne pas faire autre chose que d'emplir son ventre à toutes les bonnes tables. Il payait son écot à sa manière, et il ne craignait pas qu'on le traitât de pique-assiette.

Le plus célèbre de ces plaisants convives fut Musson, qui eut l'honneur de dérider plusieurs fois le premier consul, et qui était le favori de Joséphine.

Ce Musson porta la mystification de société au plus haut degré de l'esprit, de l'épigramme et du comique. Nous n'aurons garde de négliger sa biographie depuis longtemps oubliée, et nous recueillerons avec curiosité les traits épars de son imaginative.

Mais nous irons chercher des mystificateurs et des mystifiés bien avant l'époque de Poinsinet et de Musson; nous en trouverons dans tous les temps et nous dresserons leurs statues burlesques dans le panthéon de la joyeuseté française.

Ce n'est pas chose aisée que de prouver aujourd'hui qu'on a su rire en France, où l'on a trop abusé du genre sérieux et ennuyeux. La question sera résolue, si nous parvenons à faire sourire quelquefois nos lecteurs, en leur racontant comment nos respectables aïeux riaient, suivant l'expression consacrée, à cœur-joie, à ventre déboutonné, et à pleine bouche.

L'histoire biographique de la Mystification peut fournir un curieux chapitre à la *Physiologia de risu*, écrite en latin par Gaspar Diepeli et Philippe Matthœus, et le docte Laurent Joubert éclatera de rire, dans son tombeau, en apprenant tout ce qu'il pourrait ajouter à une nouvelle édition de son *Traité du ris*, qu'on n'a pas réimprimé depuis 1579.

Heureux temps que celui où la science étudiait l'essence, les causes et les merveilleux effets du *ris*, sept ans après la Saint-Barthélemy et au beau milieu des guerres civiles!

Çà! bonnes gens, riez donc comme un tas de mouches au soleil!

# LES
# CORRESPONDANCES DE CAILLOT-DUVAL

# LES
# CORRESPONDANCES DE CAILLOT-DUVAL

## I

Caillot-Duval n'a jamais existé; et cependant tout Paris a cru à son existence en 1785.

Ce Caillot-Duval ne se montra point en chair et en os aux yeux des personnes qui étaient si bien convaincues de son individualité; mais il se constata, pour ainsi dire, par une quantité de lettres écrites à différents correspondants, qui tous auraient juré, au besoin, que cet infatigable épistolier résidait à Nancy, parce que toutes ses lettres étaient datées de cette ville et venues par la poste.

Caillot-Duval, ou plutôt Fortia de Piles, était un mystificateur épistolaire.

Alphonse-Toussaint-Joseph-André-Marie-Marseille, comte de Fortia de Piles, avait un génie inné pour la mystification, en dépit de l'importance et de la gravité des fonctions publiques dont il devait être revêtu par droit heréditaire.

Son père, comme son aïeul, était procureur viguier royal de Marseille, et le jeune Fortia de Piles, né dans cette ville en 1758, se voyait appelé à succéder à ses ancêtres dans cette viguerie, qui lui promettait toute la considération qu'il pouvait attacher encore à sa grande fortune et à sa vieille noblesse catalane.

En attendant, il entra au service dans les chevau-légers de la garde du roi, et fut nommé lieutenant, par cette raison qu'un bon gentilhomme était obligé de porter l'épée pour devenir chevalier de Saint-Louis.

L'état militaire en temps de paix ne convenait pas à l'humeur belliqueuse et à l'esprit turbulent du jeune comte Fortia de Piles : il chercha donc dans la lecture un aliment à son activité intellectuelle; il se créa des distractions, en s'occupant de belles-lettres, d'histoire et d'érudition. Sa jeunesse fut, d'ailleurs, celle de tous les officiers de son âge et de son temps : des amours, des galanteries, des duels, des exercices d'adresse, la table, le jeu et le reste.

Il ne tarda pas à se dégoûter des rapports journaliers qu'il avait avec ses camarades, qui se moquaient de lui, à cause de ses goûts studieux et de son instruction ; il s'éloigna d'eux brusquement et se confina dans une espèce de solitude misanthropique, où son caractère s'aigrit, se hérissa et s'envenima davantage.

Ce n'était pas de la méchanceté, mais de la malice qui avait besoin de s'épancher au dehors et de se traduire par des actes plutôt que par des paroles.

Il s'essaya d'abord contre les officiers de son régiment dans l'art mystificatoire, mais il avait trop bon marché de ces sots, orgueilleux et ignorants ; puis, il manquait de public, et comme chaque mystification lui faisait tomber un duel sur les bras, il reconnut, après avoir été blessé deux ou trois fois, qu'il finirait inévitablement par se faire tuer sans profit et sans compensation.

Il renonça donc à s'amuser ainsi aux dépens de ses frères d'armes et aux dépens de son pauvre corps criblé de blessures. Il chercha un théâtre plus vaste et des comédiens plus patients, pour mettre en scène ses fantaisies goguenardes.

Ce comte Fortia de Piles était, à proprement parler, ce qu'on appelle un *pince-sans-rire*. On ne l'avait jamais vu se dérider ; il conservait en toute circonstance son flegme impassible et son maintien glacé, à moins qu'il n'entrât dans une de ces furieuses colères où son sang catalan reprenait feu.

Mais assurément il riait en dedans, et il éprouvait un plaisir intime à molester et à épingler son cher prochain. Il jouissait ainsi en secret des preuves qu'il se donnait à lui-même de sa supériorité sur les autres.

Dans l'hiver de 1785, il était en garnison à Nancy et il s'ennuyait : il ne jouait plus, il ne dansait plus, il ne faisait plus l'amour ; autant eût valu, à son avis, être déjà enterré.

Pour comble de dégoût, il n'avait plus rien à lire, et les nouveautés qui lui venaient de Paris lui semblaient insupportables, imprégnées qu'elles étaient de philosophisme, de mesmérisme, de scepticisme, d'économisme, de galvanisme et d'anacréontisme.

Il se demanda s'il n'écrirait pas, lui aussi, à une époque où tout le monde écrivait, et voici ce qu'il inventa pour passer le temps :

« Les hommes du dix-huitième siècle, se dit-il, sont au moins aussi simples et aussi crédules que leurs pères ; cette réputation de lumières, d'instruction, de philosophie, ne peut regarder que quelques individus qui ont honoré notre siècle. Le peuple, cette masse qui comprend plus des neuf dixièmes de la totalité des habitants, est absolument le même qu'il a toujours été ; et, qu'on ne s'y trompe pas, je comprends sous le nom de *peuple* beaucoup de gens qui se croient au-dessus de lui. Or, le peuple, dans tous les siècles, comme dans le nôtre, est sans cesse victime de ses erreurs, surtout de l'amour-propre et de la crédulité, qui en est une suite naturelle. Je veux démontrer, par des faits évidents et matériels, que la simplicité des hommes n'a jamais été plus grande que dans ce siècle prétendu éclairé, où les billets de Law, les convulsionnaires de Saint-Médard, la philosophie de Saint-Martin, la baguette du sourcier Bleton, le baquet magnétique de Mesmer, et les prestidigitations de Cagliostro ont tour à tour captivé les suffrages et l'admiration du bonhomme Public. »

Il prit la plume et entama correspondance avec une foule de personnages, plus ou moins connus, qu'il supposait d'instinct assez faciles à mystifier; il signait ses lettres *Caillot-Duval*, et il variait le ton de l'épître selon la personne à qui elle était envoyée.

Il obtint de la sorte les réponses qu'il voulait, et de la réunion de ces correspondances, il forma bientôt le recueil le plus plaisant qu'on pût imaginer.

Il s'adressa successivement à des individus placés à tous les degrés de l'échelle sociale, et aucun d'eux, en recevant une lettre qui flattait ses goûts, ses idées ou son intérêt, ne soupçonna qu'il était dupe d'une plaisanterie et qu'il devait prendre rang dans le martyrologe des mystifiés.

## IJ

Caillot-Duval s'adressa d'abord à M. Jean-François Lecat, qui, sous le pseudonyme transparent de *Le C...*, distribuait ses poésies fugitives aux journaux littéraires et aux feuilles d'annonces de la province, pour se distraire des noirceurs de la chicane, à laquelle il était voué par état en qualité de procureur au siége et présidial d'Abbeville.

Ce procureur-poëte produisait bon an mal an une multitude de contes, de chansons, d'épigrammes, de logogriphes, et d'articles en prose, aussi plats et aussi ridicules que ses vers.

Caillot-Duval lui en fait compliment :

« Je ne puis différer plus longtemps, lui dit-il, le tribut d'éloges qui vous est dû et l'hommage de ma reconnaissance pour le plaisir que vous m'avez fait éprouver. »

Il félicite le journal de Nancy, qui a trouvé en lui un collaborateur aussi éclairé qu'infatigable ; il regrette avec douleur que Rétif de la Bretonne, à la fin du 4º volume de ses *Contemporaines*, ait fait une violente sortie contre M. Lecat, pour se venger d'un logogriphe rempli de sel attique que ce dernier s'était permis sur le nom de *Rétif;* il applaudit à un nouveau trait lancé contre ledit Rétif, dans une pièce intitulée le *Voyage d'Élégie,* que M. Lecat a fait insérer dans la feuille de Nancy.

Il réclame enfin, du faiseur de logogriphes, « des conseils qui ne pourront qu'être du plus grand secours à un jeune débutant dans la carrière des lettres. »

M. Lecat répond qu'il est bien sensible aux éloges de Caillot-Duval, quoiqu'il ne mérite pas les choses flatteuses que ce jeune poëte lui écrit :

« Je ne suis que médiocrement lettré, dit-il d'un air modeste, et mon état, qui prend presque tout mon temps, m'ôte l'espoir d'acquérir plus de talent. »

Il reconnaît qu'il a eu tort peut-être de déclarer la guerre à M. Rétif, quoique les ouvrages de ce fécond *brochurier* lui paraissent susceptibles de critique à bien des égards :

« Si vous cultivez les lettres, ajoute-t-il d'un ton de Mentor, gardez-vous bien, Monsieur, de labourer le champ ingrat de la satire : elle ne procure que des désagréments. »

Il verra, du reste, avec plaisir les ouvrages que

Caillot-Duval voudra bien lui soumettre, et il les jugera sans déguisement.

Il termine, en le priant de vouloir bien affranchir ses lettres.

Caillot-Duval réplique sur-le-champ; il le remercie, il le complimente, il l'encense :

« Je suis surtout enchanté de voir unie aux talents cette modestie d'auteur, si rare aujourd'hui. Il serait à désirer que tous les littérateurs du siècle suivissent un exemple aussi louable. »

Il annonce qu'il met la dernière main à un petit poëme en vingt-quatre chants, dont le titre est : *Amusements de la campagne*. Il n'a passé sous silence aucun des jeux auxquels le séjour de la campagne est propice; il a même fait entrer dans son poëme didactique les échecs, le domino et la dame polonaise. S'il ne craignait pas d'être trop long, il transcrirait dans sa lettre l'épisode de la balançoire; mais il préfère envoyer l'ouvrage entier à son aimable Aristarque.

Cette fois, la réponse de M. Lecat se fait attendre, et Caillot-Duval reprend la plume, pour avertir le procureur d'Abbeville, qu'il fait exécuter à son intention une copie du poëme des *Amusements de la campagne*, lequel doit être bientôt imprimé à Paris avec tout le luxe typographique qu'un pareil ouvrage comporte.

Il lui demande son avis sur le poëme de *l'Harmonie imitative*, que Piis vient de publier.

« Quant à moi, dit-il, je n'ai trouvé ce poëme ni harmonieux ni à imiter. »

Il lui annonce enfin qu'il a reçu de l'impératrice de Russie la patente de membre de l'Académie impériale de Saint-Pétersbourg.

M. Lecat répond enfin, en expliquant son silence. Il était gravement malade, et il profite du premier loisir de sa convalescence pour répondre à une lettre arriérée. Il ne trouve pas que le style de son jeune confrère se ressente des lieux communs de rhétorique, comme celui-ci semblait le craindre :

« Il en est du style comme des saisons; le printemps est la plus agréable, parce qu'elle est la plus fleurie. D'ailleurs, si c'est un défaut que d'orner son style, il tient à la jeunesse, et l'on s'en corrige avec l'âge. Quand je commençai à écrire, il y avait plus que des fleurs dans mes ouvrages; le gigantesque et le pathos n'y étaient pas rares, et il me semble qu'à présent je donne dans l'excès opposé. »

Le bon procureur, qui n'y entend pas malice, prend ses ébats épistolaires jusqu'à ce qu'il juge sa lettre assez longue pour un convalescent.

Il en écrit bientôt une autre : c'est pour donner le nom et l'adresse de son correspondant à Paris, lequel se chargera de lui faire passer, franc de port, le manuscrit du fameux poëme qu'il brûle de posséder.

Il partage l'opinion de Caillot-Duval sur Piis et sur son poëme, qu'il n'a pas encore lu, car « M. de Piis n'est rien moins que propre à ce genre, bien différent de celui de briller dans les vaudevilles ; ses petits opéras offrent souvent des tableaux ingénieux ; il met beaucoup de gaieté dans ses ouvrages, mais on peut lui reprocher des calembours, de mauvaises pointes, et quelquefois des gravelures trop fortes. »

Il prie Caillot-Duval de recevoir ses sincères félicitations sur la distinction flatteuse que l'impératrice de Russie vient de lui accorder :

« Quoique je ne sois d'aucun corps littéraire et que je n'aie jamais fait de démarches à ce sujet, je ne vous dissimulerai pas que mon amour-propre serait agréablement chatouillé, si je devenais académicien. »

C'était là où Caillot-Duval l'attendait ;

« Si vous n'êtes membre d'aucun corps littéraire, lui répond-il, c'est que vous n'avez fait aucune démarche pour cela ; mais il est une manière d'en faire qui ne peut offenser votre délicatesse. »

Il lui confie que, lié intimement avec le prince Kabardinski, frère du prince Héraclius, il est redevable à cet illustre Mécène de la patente d'académicien russe, à laquelle M. Lecat a des droits mieux établis que les siens. Il l'invite donc à composer une épître en l'honneur de ce prince Kabardinski, et il s'empressera de remettre audit prince cette pièce de vers, qui serait composée sur ce thème :

« Le prince est au mieux avec la Sémiramis du Nord ; sa femme, qui est une Géorgienne, vient d'accoucher de cinq enfants mâles, ce dont il n'y a pas d'exemple : ils vivent tous. La mère seule a conservé un léger frémissement dans les muscles zygomatiques : ce qui fait qu'elle a toujours l'air de rire. Les cinq enfants ont tous l'assurance d'une compagnie dans les volontaires de la Crimée. »

M. Lecat ne se le fait pas dire deux fois : il se sent tout inspiré sur ce beau sujet, et peu de jours après il envoie *franco* à Caillot-Duval une belle épître à Son Altesse le prince Kabardinski, dans laquelle il lui disait :

Je vois, parmi les faits qui forment ton histoire,
Des faits que nos neveux pourront à peine croire,
Lorsque Clio dira, dans la suite des temps,
Que ton épouse un jour te donna cinq enfants,
Cinq mâles pleins de vie, et que leur souveraine
Alors de chacun d'eux a fait un capitaine.

Mais il n'entendit plus parler ni du prince Kabardinski, ni de l'Académie de Saint-Pétersbourg, ni de Caillot-Duval; il pensa que ce dernier était mort, sans avoir eu le temps de lui écrire.

Il fut un peu étonné et beaucoup mystifié, en voyant, quelques années après, ses lettres et ses vers imprimés dans le recueil de ce scélérat de Caillot-Duval. Il ne se pendit pas toutefois de désespoir, et il se consola de n'être pas membre de l'Académie impériale de Saint-Pétersbourg, en devenant secrétaire de la Société d'émulation d'Abbeville.

Fortia de Piles, pour varier les jouissances de la mystification, passa du procureur-poëte au bottier du roi.

Il écrivit à M. Sou..., demeurant rue Dauphine, à Paris, pour consulter sur une question importante le *phénix des bottiers de la capitale* :

« Je sais que vos talents supérieurs vous ont mérité l'honneur de botter notre souverain et son auguste moitié; veuillez bien me donner un éclaircissement sur une chose qui, en intéressant beaucoup ma bourse, intéresse aussi votre réputation. Un maître bottier de notre ville vient de faire une paire de bottes sans couture, qui a fait l'admiration de toute cette contrée. Il a prétendu qu'aucun bottier de Paris n'en ferait autant. Plusieurs officiers de la garnison, surpris d'une découverte aussi merveilleuse au premier abord, ont abondé dans son idée et ont offert de parier cent louis. Moi, qui suis persuadé que tout ce qui se fait en province doit se faire à plus forte raison à Paris, j'ai tenu les cent louis sans hésiter. Faites-moi le plaisir de me mander si vous vous croyez capable d'en faire autant; si vous l'êtes, comme je n'en doute pas, et que mes adversaires ne s'en rapportent pas à votre lettre, je vous écrirai pour lors de m'en faire une paire. »

Le superbe bottier ne fut nullement déferré par cette commande un peu bien inusitée.

Il savait sans doute qu'un de ses confrères, nommé Lestage, de Bordeaux, avait inventé des bottes sans couture et était devenu bottier du roi Louis XIV, sans laisser, il est vrai, le secret de son invention, qu'on ne découvre pas dans les *Poésies nouvelles sur les bottes sans couture*, qu'il fit imprimer à Bordeaux en 1677.

Le sieur Sou... répondit très-lestement à Caillot-Duval :

« Je pourrais bien vous faire des bottes comme vous paraissez en désirer, mais mes occupations sont si multipliées dans cette saison, que je ne pourrais m'occuper de cet objet, car j'ai à fournir toute la maison du roi. »

Dans cette lettre, le bottier ne nommait pas même les bottes sans couture, mais il ne niait pas qu'elles pussent exister.

C'était se tirer d'un pas difficile avec adresse, et Caillot-Duval crut inutile d'insister pour obtenir un échantillon des bottes sans couture.

Après avoir fait connaissance avec « le phénix des bottiers de la capitale, il voulut tâter la simplicité du « prototype des bons corneurs ou corniers de France. »

Il écrivit à M. Caron, facteur de cors de chasse, à Paris, et il lui demanda, au nom d'un prince allemand quelconque, de vouloir bien lui livrer, sous peu de jours, une vingtaine de trompes, de différentes grandeurs, pour le département des chasses de ce prince :

« Le nombre infini de fameuses trompes, qui sont sorties de votre atelier, lui disait-il, vous a mérité une réputation qui a volé jusqu'aux extrémités les plus reculées des régions hyperborées. »

Le prince allemand désirait savoir quelle est la proportion la plus forte possible pour une trompette marine : il en avait une de huit pieds et demi qu'il ne trouvait pas suffisante pour appeler au rendez-vous.

Le facteur de cors de chasse ne put accepter la

commande, eu égard au peu de temps qu'on lui assignait pour une fourniture aussi considérable.

« Quant à la trompette marine que vous paraissez désirer, ajoutait-il, je ne pourrais vous en fournir une plus forte que celle dont vous me parlez, et celui qui l'a faite est sûrement un artiste du premier mérite. »

Voilà donc que les trompettes marines, longues de huit pieds et demi, sont convaincues d'exister, de même que les bottes sans couture.

Caillot-Duval se permit ensuite d'écrire à la marchande de modes de la reine, à cette célèbre Mademoiselle Bertin, qui travaillait jour et nuit à inventer de nouvelles formes de caracos, de pet-en-l'air, de lévites, de bonnets, de fichus, de douillettes, de corsages et de jupes, pour complaire aux éternels caprices de Marie-Antoinette.

Il se donne pour un jeune homme de province, peu fortuné, qui est pourtant dans le cas de faire certaine dépense à l'occasion de sa noce. Il s'adresse, en conséquence, à la perle des marchandes de modes, pour avoir deux petits bonnets avec des fleurs d'Italie, dans le genre le plus frais; un chapeau à la Panurge, avec une jolie verdure, et une petite lévite avec ceinture à franges. Il consacrera, dit-il, une somme de cent écus à cette commande, qu'il destine à sa prétendue.

Mademoiselle Bertin n'a garde de répondre à une proposition aussi ridicule, elle qui gagnait cent louis en une matinée, quand elle *chiffonnait* dans le cabinet de la reine.

Le jeune homme de province peu fortuné ne se rebute pas : il écrit de nouveau à l'illustre marchande de modes; il double ses offres et il diminue sa commande; il peut dépenser jusqu'à six cents livres « en bonnets, rubans et autres brimborions aussi légers que futiles, mais que la mode, cette souveraine despote, rend nécessaires; » Il ne veut rien qui puisse choquer la modestie nanceyoise; il se contentera « d'un faste raisonnable, qui ne fera que donner un nouvel éclat aux beautés ingénues dont reluit sa chère épouse. »

« Que dis-je? s'écrie-t-il; elle ne l'est pas encore; non, je n'ai point encore approché de ce sanctuaire respectable, mais que je vais cesser de respecter. C'est sur cet autel que je ferai fumer l'encens... Vous avez connu le sentiment de l'amour? Cette passion tumultueuse a dû vous faire éprouver des sensations délicieuses... »

Il revenait ensuite aux bonnets et aux rubans de sa commande, en menaçant Mademoiselle Bertin de s'adresser pour ces objets au magasin des

*Traits galants*, « qui commence à rivaliser avec elle. »

Mademoiselle Bertin ne saurait laisser sans réponse cette impertinente lettre; elle n'a pas répondu à la précédente, parce que Caillot-Duval lui demandait pour quatorze louis ce qui en vaut trente; mais, dans cette nouvelle lettre où il est un peu plus raisonnable quant aux prix, il s'est permis des plaisanteries d'un genre auquel elle est si peu faite, qu'elle a été sur le point de ne pas lui répondre du tout :

« Je ne le fais que pour vous annoncer que je n'ai rien à vous fournir et que vous pouvez vous adresser aux *Traits galants* ou à tout autre magasin qu'il vous plaira; peut-être trouverez-vous des personnes qui entendront mieux que moi le langage que vous avez adopté; cela fera honneur à leurs connaissances. »

Le comte Fortia de Piles n'eut pas même, pour la peine de sa mystification, un autographe de Mademoiselle Bertin; elle lui avait fait écrire par un de ses amants, qu'il soupçonna fort d'être un homme de lettres, rédacteur du *Mercure*.

Le mystificateur ne se frotte donc plus aux marchandes de modes; il passe sans transition aux confiseurs.

Berthellemot, rue de la Vieille-Bouclerie, vient de répandre un prospectus sur les bonbons nouveaux qu'il offre aux consommateurs, à l'occasion de la nouvelle année.

Caillot-Duval entame avec lui le chapitre de la confiturerie et de la confiserie, au sujet de son prospectus qui a produit, dit-il, un très-bon effet au Cabinet littéraire de Nancy. Il se pose comme un amateur zélé de tout ce qui concerne le pastillage, le papillotage et le marronnage.

Il donne d'abord une leçon d'orthographe au confiseur qui a inventé le *Minautore, bonbon de Crête.*

« Je n'ai point l'honneur de connaître le *Minautore*, mais seulement le *Minotaure*, et le royaume de Crète ne s'écrit pas comme une *crête* de coq. » Ce bonbon, suivant le prospectus, *amusera sans offenser et divertira sans déplaire*. « Ce ne sera pas là un grand miracle ! » dit Caillot-Duval.

Le *bonbon d'Alger* semble avoir été imaginé pour rappeler au souvenir des friands les malheureux captifs des corsaires algériens, et son produit est sans doute destiné à leur soulagement; s'il en est ainsi, Caillot-Duval s'engage à en acheter deux livres, moyennant un petit écu, « le sucre étant fort diminué depuis la Paix. »

Il voudrait avoir aussi un recueil des devises de

la maison Berthellemot, car il s'occupe d'en fournir aux confiseurs, et Duval, rue des Lombards, a même accepté, pour l'année prochaine, différentes pièces qui composent le portefeuille sucré du poëte de Nancy : chansons, madrigaux, ballades, triolets, rondeaux, sonnets, etc., le tout en six langues, et même deux tragédies, partagées en soixante et dix morceaux.

Quant au *bonbon d'amour* dont Berthellemot a enrichi l'art du confiseur, Caillot-Duval paraît craindre qu'on n'y ait « inséré quelques ingrédients propres à augmenter une passion déjà trop effrénée dans une jeunesse fougueuse. »

Enfin, il s'étonne que ce grand confiseur, qui n'est pas bijoutier, ait mêlé à sa confiturerie des chaînes d'or et des bijoux, renfermés dans de jolies *surprises* que les dames recherchent avec tant de plaisir.

« Cette dernière phrase du prospectus, dit-il le plus sérieusement du monde, ne peut regarder que des concubines et des prostituées. »

Berthellemot est pourtant très-flatté de cette lettre, dans laquelle il voit l'intérêt que le signataire prend à l'article confiturerie. Il laisse toutefois percer un peu de dépit dans sa réponse :

« Je ne m'étendrai point sur la décision du *Minotaure*, qui, à ce qu'il me paraît, vous est plus connu que le *Minautore*. Je remets cette décision aux hommes de lettres, ainsi que celle du royaume de Crète. Je me bornerai seulement à vous satisfaire sur la délicatesse des objets que j'annonce, en détruisant, sans réflexions, vos soupçons sur mes quatre bonbons... N'ayez, s'il vous plaît, aucune crainte sur mon *bonbon d'amour* : ce qui y est renfermé n'augmente ni ne diminue nullement la passion de la jeunesse ; sa composition est aussi naturelle que sa forme. »

Il répond, en outre, à tous les points de la lettre, et il termine, en disant que « dans un magasin il y entre indistinctement toutes espèces de personnes, sans que le marchand soit exposé au moindre soupçon. » Là-dessus, il a « l'honneur d'être parfaitement

« Berthellemot. »

Caillot-Duval eut l'idée de jeter les serpents des Euménides dans le domaine sucré de la confiturerie. Il écrivit à un autre confiseur, le sieur Chervain rue des Petits-Champs, avec l'espoir de le tourner contre son confrère Berthellemot, en lui dénonçant le fameux prospectus.

« Comment ! Monsieur, ce sera à la fin du dix-huitième siècle qu'on aura vu la confiturerie s'identifier avec la bijouterie, et la chaîne d'or avoir pour breloques les dragées à la Vanhove ! Que dites-vous de ce *bonbon d'Alger?* N'est-il pas indigne de tourner en plaisanterie une cérémonie religieuse faite pour arracher des larmes à toutes les âmes vraiment sensibles? De plus, ledit Berthellemot se donne les violons de la *pistache à la portugaise;* il a tort, car vous n'ignorez pas quel en est le véritable inventeur. Qu'a-t-on à opposer à vos *crottes de chèvre?* Vous en êtes le créateur; personne ne peut vous ravir cette gloire, et c'est en vain que jusqu'à ce jour mille mains se sont fatiguées en cherchant à les imiter; ces *crottes,* dis-je, ont donc le double avantage d'être de votre façon et de n'avoir pu être rendues par personne d'une manière convenable. »

Il s'informait de la santé des charmantes filles du confiseur aux *crottes de chèvre :*

« Les bonbons, pétris par leurs belles mains blanches potelées, sont véritablement les *bonbons d'amour.* »

Le sieur Chervain fit répondre poliment, mais sèchement, par son commis, qu'il ne connaissait pas le sieur Caillot-Duval, et qu'il n'avait rien à voir dans le prospectus de son confrère Berthellemot.

Il refusait, d'ailleurs, d'ouvrir un compte à son correspondant de Nancy, sans avoir l'avantage de le connaître, et il ne voulait rien des devises qu'on menaçait de lui envoyer par la poste.

# III

Caillot-Duval ne tourmenta pas davantage les confiseurs : il essaya sa plume contre les libraires, qu'il ne jugeait pas moins vaniteux.

Sa première victime fut Manoury, libraire à Caen, auteur d'un traité sur le jeu de trictrac, et dernier éditeur de *l'Art de désopiler la rate*, ouvrage anonyme du libraire encyclopédiste Panckoucke.

Dans une lettre qu'il lui écrit, il le félicite d'avoir projeté une nouvelle édition de la *Bibliographie instructive* de Guillaume Debure, et il ne doute pas que cette édition ne soit à la fois corrigée et considérablement augmentée :

« N'est-il pas honteux, lui dit-il, que Debure ait négligé de faire mention d'un ouvrage que je viens de voir à Vienne, et que Sa Majesté l'empereur Joseph second, roi de Hongrie et de Bohême, archiduc d'Autriche, etc., a acheté deux mille cinq cents florins? C'est *l'Entrée triomphante du roi Priam dans Lutèce*, imprimée en 1400, avec quinze planches en bois de la plus grande beauté! »

Le libraire ne répond pas; il est abasourdi par l'annonce d'un livre imprimé en 1400, avec des planches en bois, c'est-à-dire vingt ans avant la découverte de la Gravure, et quarante ans avant celle de l'Imprimerie.

Caillot-Duval lui écrit de nouveau pour se plaindre de son silence :

« Mes titres dans la littérature française et allemande sont assez connus et devraient me mettre à l'abri d'un pareil affront. »

Il annonce, au reste, qu'il ne possède plus l'exemplaire de *l'Entrée triomphante du roi Priam dans Lutèce.*

« Il m'a été acheté, pour la Bibliothèque du Roi, mille écus; mais j'ai préféré d'être couché sur l'état des pensions à vie de Sa Majesté Très-Chrétienne, pour trois cents livres par an, réversibles sur la tête de ma chère mère, si j'ai le malheur de décéder avant elle. »

Manoury répond enfin, mais timidement, sans se prononcer toutefois sur la question de l'Imprimerie de 1400; il ne dit pas un mot de *l'Entrée triomphante;* il n'a pas eu l'idée de publier une nouvelle édition de la *Bibliographie,* quoiqu'il ait fait plusieurs notes sur des erreurs, des omissions de ce livre, mais pour son propre usage

« J'aime mon état, dit-il modestement; c'est pourquoi je me suis appliqué à la connaissance des livres; peu de libraires, en province, en ont plus que moi. »

Caillot-Duval ne lui en demande pas davantage et va chercher un autre libraire à Marseille, le sieur Mossy, ex-rédacteur du Journal de cette ville, qu'il imprimait avant que le privilége de ce Journal eût été donné à un sieur Beaucousin.

Les impressions de Mossy étaient remarquables par l'incorrection des textes, par la laideur des caractères, par la négligence du tirage et par la mauvaise qualité du papier.

Caillot-Duval a pourtant le front de lui faire compliment de ses éditions et de lui proposer d'imprimer un poëme intitulé : *Conquête de la basse Egypte par le Capitan-pacha* :

« J'ai jeté les yeux sur vous, mon cher Monsieur, pour la publication de cet important ouvrage : la beauté de ceux qui sont sortis de vos presses m'a décidé. Oui, la typographie doit s'honorer d'avoir des artistes comme vous. Je vais vous parler confidemment : je me serais bien adressé à Didot; mais, de vous à moi, qu'est-ce qui fait la beauté de ses ouvrages ? Le papier, le papier, le papier ! Je crois que vous penserez de même. »

Mossy n'a garde de dissuader un client aussi

prévenu en sa faveur, et il le prie de lui expédier le poëme, par l'entremise du libraire Delalain le jeune, rue Saint-Jacques, à Paris. Il ne pourra néanmoins commencer l'impression, que deux ou trois mois après avoir reçu le manuscrit, car il a sous presse un ouvrage *de très-grande conséquence* : c'est le *Dictionnaire critique de la Langue française*, par l'abbé Feraud :

« Ce qui doit vous faire plaisir, dit-il à son prétendu compatriote, c'est que ce sera un Marseillais qui sera le restaurateur de la langue française. »

Des libraires, il n'y a qu'un pas, aux gens de lettres, et là encore l'amour-propre est plus chatouilleux, la mystification plus facile.

Le chevalier de Piis fut le premier auquel Caillot-Duval envoya de Nancy une bordée d'encens, au sujet de son poëme didactique sur *l'Harmonie imitative* :

« Que vos cris d'animaux sont naturels! lui écrivit-il. Que la fin de votre troisième chant est heureuse! On peut l'appeler une espèce de ménagerie, dont chaque habitant parle son langage à haute et intelligible voix! Que vous êtes rossignol dans votre quatrième chant! Vous devenez colombe dans le délicieux épisode qui le termine. Peut-on assez admirer l'ingénieuse invention de la petite omelette *dans le casque de Mars?* omelette dont *la Cuisinière bourgeoise* ne dit pas un mot, permettez-moi cette petite saillie de gaieté. Élevé rustiquement et n'ayant eu pour compagnons de mon enfance que les hiboux et les orfraies dont vous m'avez rappelé le chant avec tant de vérité, mon style se ressent de mon éducation. »

M. de Piis, à cette belle épître, fit le mort et ne sonna mot, en dépit de l'harmonie imitative.

Caillot-Duval, n'obtenant pas de réponse, pria un officier de la garnison de Nancy, lequel était alors à Paris, d'aller voir M. de Piis et de lui demander s'il n'avait pas reçu une lettre de la part d'un Allemand, grand admirateur de l'harmonie imitative. M. de Piis avoua, en cachant mal sa mauvaise humeur, que cette lettre lui était parvenue et qu'il y avait même répondu.

Caillot-Duval, dans une nouvelle lettre, se plaignit de n'avoir pas eu cette réponse :

« Que n'ai-je votre admirable pigeon, lui écrivit-il, il serait plus fidèle que la poste et surtout plus économique. Si, dans ma première lettre, je vous ai chanté comme rossignol, orfraie et colombe, je vous dirai, dans celle-ci, que je vous ai trouvé cheval, dindon et surtout canard; le tintement de vos cloches me résonne encore dans l'oreille. »

Caillot-Duval appelait de Piis : *Mon inimitable*

*poëte, mon gentil poëte*. La moquerie était trop éclatante, et le chantre de *l'Harmonie imitative* ne pouvait, quelle que fût sa vanité, se méprendre sur l'intention ironique de cette lettre qui se terminait par ce monorime :

> Toi, digne émule de Favart,
> Brillant élève de Panard,
> Reçois, divin maître de l'art,
> Cet hommage d'un culte sans fard.
> Oui, tant qu'on mangera du lard,
> Que le sexe sera bavard,
> Que le nôtre sera cornard,
> Tu seras un gentil canard.

Le mystificateur se trouvait ainsi mystifié par le silence du vaudevilliste, qui ne tomba point dans ce guêpier d'éloges saugrenus.

Le comte Fortia de Piles chercha une autre victime dans le domaine de la poésie, et il s'attaqua brutalement au bonhomme l'abbé Aubert, fabuliste, rédacteur des *Petites-Affiches*.

« Plusieurs de mes amis, lui écrivait-il, m'ont appris (car je ne perds pas mon temps à vous lire) que vous vous étiez expliqué de la manière la plus indécente sur un de mes ouvrages, que je ne croyais pas vous être parvenu. Mon livre peut donner prise à la critique, mais votre premier devoir est d'être honnête. Un homme de votre état ne devrait pas s'afficher pour injurier indistinctement tout le monde ; mais, après avoir fait si mal parler les bêtes dans ce qu'il vous a plu de nommer des *Fables*, on ne doit pas espérer que vous vous exprimiez mieux vous-même. Je vous engage donc très-fort à prendre quelques leçons de politesse; sans cela, je serai forcé de vous en donner. Je vous préviens que, si vous ne vous rétractez pas dans vos *Affiches*, d'ici à la fin du mois, vous aurez de mes nouvelles dans le Journal de Nancy. »

Il finissait, en disant :

« Je vous préviens que je ne veux recevoir vos excuses, que par les *Affiches* ou un autre papier public. L'offense ayant été publique, il faut que la réparation le soit. »

Voilà l'abbé Aubert bien perplexe et bien embarrassé.

Il feuilleta toute sa collection des *Petites-Affiches*, pour y découvrir le numéro dans lequel il aurait critiqué, à son insu, un ouvrage du sieur Caillot-Duval. Il ne le trouva point, bien entendu, et il en vint à se demander si cet ouvrage n'était pas anonyme; il lut et relut tout ce qu'il avait écrit sur les livres nouveaux, et il ne réussit pas à rencontrer un seul article injurieux ni une seule phrase malveillante.

Il pensa, le digne homme, que le sieur Caillot-

Duval était un de ces auteurs difficiles à contenter en matière de critique littéraire.

Il voulut d'abord adresser une réparation collective à tous les écrivains, poëtes et prosateurs qui auraient pu s'offenser de ses articles d'examen, et, en effet, il fit imprimer dans son journal une note, où il reconnaissait que, malgré tous ses efforts pour adoucir les traits de la critique, il avait pu, bien à contre-cœur, laisser quelque pointe venimeuse percer à travers ses jugements dictés par la bonne foi et la bienveillance.

Mais, en repassant de nouveau les derniers feuilletons des *Petites-Affiches,* il s'arrêta sur un article consacré à un recueil de fables anonymes, publié en 1783, sous le titre de *Fables et discours en vers, suivis de différents morceaux en vers et en prose;* dans cet article, il avait reproché au fabuliste de faire parler ses animaux comme des petits-maîtres. Il ne douta pas que l'auteur de ce recueil, assez insignifiant d'ailleurs, ne fût le fougueux et irascible Caillot-Duval.

Il fit paraître, en conséquence, dans son journal, une note ainsi conçue :

« Messieurs les fabulistes, dont nous avons l'honneur de lire et de juger les œuvres, voudront bien, à l'avenir, ne pas prendre fait et cause pour leurs animaux, si nous nous permettons d'adresser à ceux-ci quelques critiques bénévoles. Nous n'eûmes jamais l'intention d'injurier personne, fût-ce un lion ou un rat. Nous n'oublierons, en aucune circonstance, ce que nous devons d'égards aux hommes de lettres qui s'occupent des plaisirs du public, et nous déclarons ici que, pour éviter de blesser certaines susceptibilités, le feuilleton des *Petites-Affiches* ne parlera que des livres publiés avec nom d'auteur. Nous prions, en particulier, le sieur Caillot-Duval d'accepter nos excuses et de croire à notre parfaite considération, comme fabuliste et comme citoyen. En réfléchissant à la portée d'une critique qui allait droit à l'honneur de son Paon devenu oiseau de basse-cour, nous nous reprochons d'avoir un peu dépassé les bornes de notre rôle de juge impartial. Il voudra bien nous tenir compte de l'intention et signer désormais ses ouvrages, qui ne peuvent qu'ajouter à sa réputation. L'*abbé* AUBERT. »

Caillot-Duval n'en demanda pas davantage au bon abbé.

Il n'avait pas toujours le dessus dans ses agressions épistolaires, et il trouvait souvent à qui parler.

Ainsi, lorsqu'il s'avisa d'écrire en style cavalier au rédacteur de l'*Almanach des Muses*, Sautereau de Marsy, pour énumérer les fautes de cet

Almanach, il obtint cette réponse laconique à l'offre qu'il avait faite de son portefeuille de vers :

« Je vous prie, Monsieur, de ne pas m'envoyer votre portefeuille : voilà le seul objet de ma réponse à votre lettre. J'avais envie d'abord d'imiter le ton que vous avez jugé à propos de prendre dans vos observations, mais je confesse, en toute humilité, que je n'ai pas reçu du Ciel un si précieux talent. J'ai l'honneur d'être, etc., S... de M... »

Caillot-Duval se décida enfin à laisser reposer les littérateurs.

## IV

Le comte Fortia de Piles connaissait trop bien les musiciens, instrumentistes, chanteurs, compositeurs, pour ne pas tirer à vue sur leur crédule vanité.

Il écrivit à M. Aubert, organiste à Nancy, en datant sa lettre de Paris :

« Je crains bien que Madame votre épouse ne m'ait oublié ; je ne me rappelle jamais sans une douce émotion les petits repas que nous avons pris ensemble sur le vert gazon. Là, couchés mollement sur des tapis de verdure, le gazouillement des eaux et le murmure des oiseaux nous rappelaient les petites bucoliques du poëte mantouan, qui s'est immortalisé par les beaux discours sentimentaux qu'il a mis dans la bouche de Tityre. Mais, hélas ! (et heureusement pour vous) nous étions encore dans cet âge où, si le cœur parle, au moins est-il dans l'impossibilité d'agir. J'ai passé le plus fort de ma jeunesse, c'est-à-dire jusqu'à douze ans, à Nancy. Je me rappelle toujours avec attendrissement ces lieux chéris, où je n'ai connu que l'innocence, où je me nourrissais des mets les plus frugaux, si ce n'est pendant ces carnavaux, où je passais sans cesse de régaux en régaux. »

Suivaient des éloges sur le talent de l'organiste.

Celui-ci répondit avec candeur :

« Mon épouse ne se souvient pas de vous ni des promenades que vous prétendez avoir faites autrefois avec elle. Je ne sais quel a été votre but en m'écrivant tous ces détails ; mais sa réputation est trop bien établie pour qu'on puisse rien croire de fâcheux sur son compte, et si vous avez cru me donner de la jalousie, vous vous êtes trompé ! »

Pour prouver qu'il n'était pas de tempérament jaloux, l'organiste entrait dans quelques aveux à l'égard d'un chevalier de Saint-Louis, qui était venu chez lui à l'heure du dîner, et qui s'était mis à table, sans façon auprès de son *épouse :* « Je le croyais invité par mon épouse, et mon épouse le croyait invité par moi. Ce n'a été qu'au moment de sa sortie que nous avons pu nous expliquer, et que nous avons vu que nous ne le connaissions ni l'un ni l'autre. »

Or, ce chevalier de Saint-Louis n'était autre que le comte Fortia de Piles, qui avait fait le pari d'aller, sans invitation, dîner chez le virtuose de Nancy, bon mari et bon organiste.

Un collègue de l'organiste Aubert, à Nancy, dut à Caillot-Duval l'illusion d'un magnifique engagement de chef d'orchestre.

« J'ai l'entreprise d'un Opéra dans une grande capitale de l'Europe! écrivit l'infatigable épistolier, au sieur Loir, maître de musique ; je ne connais personne qui soit plus en état que vous de diriger mon orchestre. Vos appointements seront de cinq cents livres par mois ; vous serez logé et chauffé. De plus, il y a un concert établi, que vous dirigerez aussi avec deux mille livres d'appointements ; cela vous fera huit mille livres, sans compter vos économies. »

Le pauvre maître de musique, qui ne touchait pas cinquante livres par mois au théâtre de Nancy, se hâta de répondre :

« J'ai reçu l'honneur de la vôtre, et ai celui de vous marquer que j'accepterai volontiers vos propositions. »

Il attend encore les huit mille livres qu'on lui promettait en qualité de chef d'orchestre dans un théâtre imaginaire.

Le comte Fortia de Piles avait entendu parler

d'un sieur Lair, professeur de flûte et de hautbois à Paris, comme d'un illuminé qui prétendait, à l'exemple d'Orphée, civiliser le monde par les sons de ses instruments.

« On m'a assuré, lui écrit Caillot-Duval, que vous aviez perfectionné la flûte et le hautbois, et que le basson prenait sous vos doigts toutes les inflexions de la voix humaine. »

Il lui annonçait donc que, comptant être à Paris le mois prochain, il prendrait leçon tous les soirs pendant une heure.

Voici textuellement l'incroyable réponse qu'il reçut de ce flûtiste, élève d'Orphée et de Saint-Martin :

« Des objets qui m'occupent et intéresseront l'univers au delà de toute attente ayant forcés le retard de la présente, permettez, mon cher Monsieur, qu'en attendant par Louis XVI ou de Dieu toutes choses, ainsi qu'elles sont arrêtées dans les décrets de cette être incréé comme puissantissime et juste dans ses oppérations faite par qui et comme il lui plaît; permêtez dije qu'en repondant à l'honneur de la vôtre! je vous donne avis que j'atens aussi votre arrivez à Paris pour et d'après icelui, pour prendre l'heure avec vous, dans ceux que vous me donnez aussi honnêtement qu'utilement! attendu qu'outre mon état et des affaires personnels, je continues de remplir une mission ! qui sera favorable non seulement aux corps mais aux âmes !... »

Caillot-Duval ne demanda pas son reste et se tourna vers d'autres musiques.

C'était compter sans son hôte, que de chercher de la simplicité chez la belle et spirituelle Dugazon, actrice de la Comédie-Italienne. Caillot-Duval eut beau se déguiser en médecin suisse, qui aspirait à la guérir d'une maladie, qu'elle n'avait peut-être pas, on ne lui fit pas l'honneur de lui répondre.

« Je ne pense qu'en frémissant, lui avait-il écrit, aux suites cruelles que pourrait avoir votre maladie, si elle était négligée ou mal guérie. La rechute en est très-dangereuse, et personne n'a encore approfondi ce genre d'incommodité, si ce n'est le fameux Schuppac, plus connu sous le nom de *médecin de la Montagne*, dont je suis l'élève, et qui m'a légué ses secrets, en mourant. »

Madame Dugazon ne voulut pas se faire traiter par correspondance, et elle préféra garder son mal plutôt que de se livrer à l'indiscrétion d'un inconnu qui se qualifiait médecin du Grand-Pensionnaire.

Caillot-Duval insista cependant pour avoir une réponse, fût-elle signée d'un nom en l'air, disait-il, comme Descartes ou Newton. Madame Dugazon n'écrivit pas une ligne d'aveu ou de démenti, au sujet de la maladie qu'on mettait sur son compte.

## V

Le comte Fortia de Piles ne manqua pas de continuer ses expériences malignes sur les savants, qui sont presque tous merveilleusement doués pour *croire*.

Il écrivit d'abord à M. Lheurtier de Chanteloup, qui venait de publier un ouvrage sur le serin et le rossignol; il lui fournissait un fait d'oisellerie tout à fait neuf.

« J'ai mis ensemble en cage, disait-il, un loriot et une chouette; à mon grand étonnement, ces oiseaux se sont accouplés; il en est résulté deux œufs qui, ayant été couvés par la mère, ont produit, chose étrange! l'un un moineau à gros bec et l'autre une pie. Le père, la mère et les enfants se portent bien et ne font qu'une même famille. »

L'auteur de ce *Traité du Rossignol et des petits oiseaux de volière*, publié à la suite du *Nouveau Traité des serins* d'Hervieux (Paris, Fournier, 1785, in-12), s'empressa de dire son mot sur un phénomène aussi extraordinaire que celui dont Caillot-Duval lui donnait avis :

« Obligez-moi de suivre exactement cette expérience, écrivait-il, et de m'en écrire en détail; observez surtout si les nouveau-nés ont des plumes de couleur tranchante à l'aile gauche, et si la pie fait plus de bruit aux approches du père qu'à celle de la mère; dans ce dernier cas, j'ose vous assurer à l'avance que vous ne la conserverez pas jusqu'au printemps. »

Il remerciait, d'ailleurs, son savant correspondant de la confiance que celui-ci avait bien voulu lui témoigner à l'occasion de ce jeu bizarre de la Nature.

M. de la Roche, gouverneur de la Ménagerie de Versailles, fut moins crédule que l'éleveur de serins et de rossignols.

Caillot-Duval lui écrivit qu'il s'était autorisé des principes de l'illustre abbé Spallanzani, pour faire une expérience de génération artificielle sur une chienne barbette, noire et blanche, âgée de trois ans. Il priait M. de la Roche de lui mander les procédés dont il s'était servi dans une expérience analogue :

« Peu de personnes, lui disait-il, doivent se vanter d'être aussi intelligentes et aussi versées que vous dans la connaissance des animaux. »

Le gouverneur de la Ménagerie de Versailles répliqua qu'il ne se mêlait pas de génération artificielle, mais qu'il pourrait s'en occuper et qu'il ferait part de ses découvertes à Caillot-Duval, si la chose en valait la peine.

Au reste, il terminait sa lettre, en disant : « *N'en parlons plus,* » et il signait : *Chevalier de l'ordre royal et militaire de Saint-Louis,* ce qui signifiait sans doute que les mauvais plaisants auraient affaire à son épée, pour compléter « l'expérience artificielle. »

Le mystificateur n'eût pas reculé devant un coup d'épée, pour compléter une bonne mystification, mais il ne jugea pas que l'humeur de M. de la Roche donnât jamais une tournure plaisante à ce sujet de correspondance.

Il changea de visée, et il écrivit à M. Mazoyer, adjudant des gardes-françaises, en le priant de vouloir bien engager, dans ce corps, « aussi recommandable au dedans que brillant au dehors, » deux jeunes gens, ses petits-neveux, qui brûlaient de signaler leur ardeur martiale.

Voici le portrait qu'il faisait des deux frères :

« Ils sont de la même taille, si ce n'est que l'aîné a trois pouces de plus, et le cadet a cinq pieds cinq pouces cinq lignes. Ils n'ont aucun défaut physique; ils ont dix-huit et vingt ans; ils sont doux comme des moutons, ne se permettent jamais un verre de boisson et n'ont jamais fréquenté de femmes de mauvaise vie. D'après cela, je vous les présente en toute confiance; ce sont de loyaux compagnons, bien élevés, sachant lire, écrire, et les quatre règles. Le cadet passe joliment un entrechat, et l'aîné plastronne joliment; ça fera en tout d'aimables soldats. »

M. Mazoyer ne vit pas dans cette lettre le moindre mot pour rire; il répondit aussitôt :

« Si Messieurs vos neveux ont les qualités et la sagesse que vous m'annoncez, je ne doute pas qu'ils ne parviennent, selon vos désirs, au régiment des gardes-françaises, au grade de sergent-major et autres, qu'on ne refuse jamais au mérite. »

Il joignait à sa réponse deux engagements en blanc, avec un troisième *rempli*, pour servir de modèle. Caillot-Duval garda les engagements comme pièces de conviction mystificatrice, et l'adjudant aux gardes-françaises attendit inutilement ces *aimables* soldats, qu'on lui avait annoncés comme étant de la même taille, « si ce n'est que l'aîné a trois pouces de plus. »

Caillot-Duval s'était fait grand-oncle; tout à coup, il se fait père :

« Ah! mon cher Monsieur, écrit-il de Paris au lieutenant de police de Nancy, vous connaissez la force des sentiments paternels. Jugez de ma douleur! J'ai perdu le soutien de ma vieillesse, ce fruit du plus tendre amour : ma fille, en un mot, dégénérant de la vertu de ses pères, s'est laissé prendre aux grossières avances d'un enseigne de hussards de l'Électeur palatin. Le ravisseur a bientôt abandonné sa triste victime, et celle-ci s'est réfugiée, dit-on, à Nancy. »

Signalement de la victime :

« Elle est plutôt brune que blonde, les sourcils presque noirs, les yeux grands et bien fendus, le nez retroussé, la bouche petite, les dents blanches et le menton pointu, les joues vermeilles, la main potelée, le bras dodu, la gorge bien placée, une taille de nymphe, le pied chinois, le genou très-droit, chose que vous savez être très-rare dans une femme. »

A l'aide d'un signalement aussi détaillé, le lieutenant de police ne peut manquer de retrouver la fugitive. On a des raisons de croire qu'elle est entrée chez une marchande de modes, et qu'elle a changé de nom. Caillot-Duval a donc mis sa seule espérance dans les recherches du magistrat, qu'il appelle « le vrai consolateur de la veuve et de l'orphelin et la fleur des lieutenants généraux de police de notre hémisphère. »

Le lieutenant de police répond à Caillot-Duval, malgré le style *comique* de sa lettre, et il lui annonce que sa fille n'a pu être retrouvée à Nancy, ni chez les marchandes de modes, ni ailleurs. Il suppose qu'elle n'a fait que traverser la ville et qu'elle s'est peut-être cachée à Strasbourg. Au reste, on n'avait pu découvrir personne à Nancy qui eût quelque point de ressemblance avec le signalement de la fille de Caillot-Duval :

« Croyez, dit le lieutenant de police, que je n'ai pas épargné mes soins et mes peines. »

Mais déjà Caillot-Dnval ne pense plus à cette fille mise à mal par un enseigne de hussards de l'Électeur palatin. Il a un fils unique, un petit Caillot, qu'il veut marier, et il écrit au sieur Taconet, bourrelier à Paris, pour lui demander la main de sa fille, la petite Taconette, dit-il, « en supposant que vous en ayez une. »

Il était l'ami du fameux comédien Taconet, qui excellait dans les rôles de savetiers et d'ivrognes et qui avait fait courir tout Paris aux représentations de sa comédie burlesque, intitulée : *la Mort du bœuf gras* ; il ne doutait pas que le bourrelier ne fût le parent du comédien, et il se félicitait de donner pour femme à son fils une véritable Taconette. La dot du jeune homme se composait de vingt-sept mille livres d'argent comptant, d'une maison de vingt-deux mille livres dans la rue Saint-Martin, et d'un terrain d'environ cent cinquante mille livres de rente, du côté de Montmartre. Caillot-Duval ne se réservait qu'une pension viagère de trois mille livres, avec la jouissance d'une maison valant douze mille livres.

« Ce mariage, ajoutait-il, est le moins que je doive aux cendres d'un ami respectable. Votre réputation brillante dans tout ce qui est du ressort de la sellerie, de la bourrelerie, en un mot, dans tout ce qui concerne le cuir, votre réputation, dis-je, m'a encouragé à la demande que je fais aujourd'hui. »

Taconet, bourrelier, avoue, dans sa réponse, qu'il n'a pas le bonheur d'être parent de son illustre homonyme, « qui avait acquis tant de célébrité sur les grands Boulevards, » avant de mourir à l'hôpital. Il possède, pour toute fortune, une fille assez jolie, fort bien élevée pour son état; il est tout prêt à l'unir au fils de Caillot-Duval.

« Je ne comptais pas la marier encore, dit-il, mais votre démarche auprès de moi, ce procédé que je ne dois qu'à la mémoire de votre ami, me donnent la plus haute idée de vos sentiments, et ce serait le plus grand bonheur pour ma fille d'entrer dans une famille aussi respectable. »

Et le pauvre bourrelier se félicite de devoir, au nom qu'il porte, ce bonheur inespéré !

Caillot-Duval, à qui le nom de Taconet rappelle le théâtre des Grands Danseurs du roi, dirigé par le sieur Nicolet, écrit aussitôt à ce directeur de spectacle des Boulevards ; il lui propose trois pièces qui ont été composées à la requête d'un prince étranger.

La première, dans le genre burlesque, est intitulée : *le Marchand de coco, dit Mauricaud à Mexico*, « enrichi des épisodes de Guatimozin sur le gril et de Montezuma faisant kk dans ses draps ; »

La seconde, dans le genre sérieux et larmoyant, a pour titre : *le Duel de Copernic et de Tycho-Brahé* ;

La troisième, que l'auteur vante comme son chef-d'œuvre, est *le Siége et la prise de Bergame par les Macaronis, sous les ordres du général Parmesan, escorté de ses aides de camp Hollande, Gruyères, Mont-d'Or et de Brie*, pantomime à grand spectacle.

Caillot-Duval ne demande point d'honoraires, car il ne travaille que pour la gloire, et il se contentera de ses entrées au théâtre de Nicolet.

Les directeurs de théâtre ne répondaient pas plus alors qu'aujourd'hui à des lettres d'auteurs inconnus. Les offres de Caillot-Duval à Nicolet restèrent sans réponse; mais Caillot-Duval reprit bientôt la plume :

« Votre silence, mon cher Monsieur, écrivit-il, m'a absorbé et confondu; il me surprend de la part d'un homme aussi instruit que bien famé. »

Il s'excusait de ne pouvoir plus disposer de deux de ses pièces, *le Marchand de coco* et *le Duel de Copernic*, qu'il avait cédées à un prince allemand qui venait de se marier avec une dame polonaise; mais il maintenait sa proposition relativement à sa pantomime, dont il allait envoyer par la poste le manuscrit volumineux au sieur Nicolet, en le priant de ne pas regarder aux frais de port.

Cette fois, Nicolet rompit le silence; et, comme il ne savait pas écrire, il fit répondre par son souffleur, nommé Constantin, que « le nombre des pièces reçues à son théâtre l'empêchait d'accepter celles de M. Caillot-Duval; il le priait donc de ne rien envoyer, tant en pièces qu'en pantomimes. »

Le ton de la lettre du souffleur ne laisse pas deviner si Nicolet soupçonnait ou non une mystification de la part de l'auteur du *Duel de Copernic et de Tycho-Brahé*.

## VI

Après avoir tiré à vue sur la vanité et la sottise des gens de lettres et des journalistes, Caillot-Duval se donna le plaisir de mystifier les magnétiseurs.

Mesmer avait tourné toutes les têtes avec les miracles de son baquet magnétique; les savants les plus distingués, les médecins les plus estimables, s'étaient jetés en aveugles dans la nouvelle doctrine dont le charlatanisme de Mesmer refusait de dévoiler les secrets. Il y avait, de tous côtés, des sociétés de magnétisme animal, des expériences, des cours, des traitements magnétiques.

Caillot-Duval écrivit d'abord au Père Hervier, qui, nonobstant sa robe de moine augustin, n'avait pas reculé devant une science que l'Église venait de condamner comme dangereuse et contraire à la religion :

« Vous savez mieux que personne, disait Caillot-Duval, que les plus belles découvertes sont en butte aux contradictions et aux persécutions des ignorants; celle-ci est susceptible, plus qu'une autre, de plaisanteries. »

Il rendait compte des séances magnétiques qui avaient eu lieu à Strasbourg, et il se vantait d'avoir guéri une femme, d'un rhumatisme à l'épaule gauche.

Le Père Hervier le remercia de sa lettre, en disant qu'il s'intéressait toujours au triomphe du magnétisme :

« Je ne m'occupe plus de guérir, disait-il, je laisse ce soin à mes élèves. »

Il ne travaillait, d'ailleurs, ni pour la réputation ni pour l'argent, mais uniquement pour le bien universel.

Caillot-Duval a conquis déjà la confiance du révérend magnétiseur; il lui demande des conseils et des instructions, il lui expose les détails d'une cure étonnante qu'il a opérée sur un aveugle; il revient sans cesse sur le désintéressement bien connu du Père Hervier, qui passait, au contraire, pour faire payer ses consultations à raison d'un louis, en dépit de sa profession de moine mendiant.

Le Père Hervier défend avec chaleur le magnétisme contre les accusations des profanes :

« Assurément, dit-il, les phénomènes du somnambulisme ne nuiront jamais à la divinité de notre religion; j'ai les preuves les plus convaincantes qu'ils viennent à son appui, et que le magnétisme doit être par excellence l'étude des prêtres. »

Il parle d'une somnambule extraordinaire, qui, depuis deux mois, fait merveille à Chartres, en annonçant elle-même toutes les crises qu'elle doit traverser; elle en a prédit une des plus violentes, pendant laquelle on la croira morte durant trente-six heures, et qui, en effet, sera mortelle si on ne la conduit point à bien.

Dans une autre lettre, le Père Hervier apprend à son correspondant qu'il a eu la joie de conduire à bien la dernière crise de la somnambule de Chartres, et qu'il l'a guérie radicalement par la danse, cinq jours de suite.

Avant cette étrange confidence, Caillot-Duval s'était trouvé en assez bons termes avec le moine augustin, pour lui raconter qu'un membre indigne de la Société magnétique de Nancy avait tué plusieurs malades, et qu'il avait fait sortir la petite vérole, vingt-quatre heures après le trépas, d'un de ces *morts de sa façon.*

Caillot-Duval s'adressa directement aux deux coryphées du magnétisme, au docteur Deslon et à Mesmer lui-même.

Il se posait comme un adepte attaché en qualité

de médecin à une cour d'Italie. Il annonçait à M. Deslon que le magnétisme était encore tout à fait inconnu à Mantoue, « dans la ville qui a vu naître le prince des poëtes latins, ce chantre immortel du pieux Énée et de l'infortunée Didon, qui, pour avoir vécu à trois cents ans l'un de l'autre, n'en passent pas moins, fort injustement, pour amants. »

Deslon avait trop à cœur le mesmérisme pour songer à l'*Énéide* de Virgile ; sans prendre garde à la réflexion historique de Caillot-Duval au sujet des amours épiques d'Énée et de Didon, il ne parla, dans sa réponse, que du magnétisme, et il l'encouragea vivement à s'y adonner.

Deslon venait d'être suspendu de ses fonctions de docteur régent de la Faculté de médecine, par décision de cette Faculté, qui le sommait d'abjurer ses hérésies mesmeriennes et de renoncer au magnétisme.

Caillot-Duval revint à la charge auprès du pauvre docteur censuré et dégradé, en lui demandant de nouveau des avis et des renseignements relatifs à des cas magnétiques.

« Je vais commencer, dans huit jours, le traitement d'une maladie grave et secrète ; la chose regarde une fort grande dame de cette ville, mais j'hésite encore à l'entreprendre, ne connaissant pas très-bien la partie malade. »

Deslon eut la politesse de répondre encore à cette lettre railleuse, mais sans entrer dans aucun détail, en s'excusant de ne pouvoir, vu son état d'épuisement et de maladie, fournir au magnétiseur passionné les éléments d'un corps de doctrine renfermant la théorie et la pratique du magnétisme.

Quant à Mesmer, Caillot-Duval n'en reçut aucune réponse personnelle, quoiqu'il lui eût écrit à Saint-Remy en Provence, où l'illustre inventeur du Baquet magnétique s'était fixé :

« Saint-Remy ! Saint-Remy ! s'écriait-il dans cette lettre, que vous êtes heureux de posséder ce grand homme, notre maître à tous : il est la honte des siècles passés et il fera le désespoir des siècles à venir ! »

Un anonyme lui répondit, au nom de M. Mesmer, que le dieu du magnétisme avait quitté Saint-Remy et dit adieu à l'ingrate France.

## VII

Fortia de Piles, malgré toute la galanterie dont il faisait profession à l'égard des dames, et surtout à l'égard des femmes de théâtre, ne crut pas devoir les épargner tout à fait dans son cours de mystification épistolaire. Il n'avait pas trop bien réussi, d'ailleurs, auprès de Madame Dugazon, et il voulait prendre une revanche.

Il chercha donc deux nouvelles victimes, l'une à l'Opéra, et l'autre à la Comédie-Française. Cette dernière fut Mademoiselle Laurent, qui venait d'être reçue pensionnaire, grâce à l'influence de ses amis.

C'était une actrice de troisième ordre, à ne juger que son talent, et elle n'occupait au théâtre qu'un emploi d'utilité; mais elle avait de la beauté, de l'esprit et un fort beau carrosse, ce qui l'avait mise à la mode. Si on l'applaudissait peu à la scène, on la recherchait fort à la ville, et il y avait toujours foule de prétendants autour d'elle, quoique le duc de Lauzun eût seul la clef d'un petit appartement au quatrième étage, qu'elle avait loué, sous un faux nom, dans une maison suspecte de la rue des Fossés-Monsieur-le-Prince.

Caillot-Duval eut l'impertinence d'écrire à Mademoiselle Laurent, pour lui demander de vouloir bien certifier par lettre qu'il n'avait jamais été son amant.

Il lui racontait que, l'hiver précédent, alors qu'il séjournait à Paris et fréquentait assidûment le Théâtre-Français, on l'avait vu sortir, un soir, de l'allée où elle causait en tête-à-tête avec le duc de Lauzun : or, lui, n'était entré dans cette allée que pour y faire une courte station, et il n'avait eu ni le temps ni la pensée de monter chez elle, au quatrième étage. Ses ennemis néanmoins avaient profité de cette circonstance, pour essayer de le perdre dans l'esprit d'une femme qu'il allait épouser et à laquelle on avait annoncé qu'il menait naguère une vie *scandaleuse* dans la capitale et qu'il entretenait un *commerce illicite* avec la belle et célèbre Mademoiselle Laurent.

« Ce bruit, quoique dénué de preuves, disait-il à cette demoiselle, a été bientôt accrédité auprès d'une famille de dévots, gens qui ne pardonnent pas le plus petit écart de jeunesse. » Et pourtant une pareille accusation n'avait pas d'autre fondement que l'épisode de l'allée !

« Il serait bien malheureux, ajoutait-il, qu'un jeune homme comme moi manquât un parti aussi sortable, pour une niaiserie de cette espèce. Tout ce que je puis alléguer est inutile; on ne croira rien, sans une lettre de votre part. Vous êtes trop juste pour vouloir me perdre, et j'ose espérer que vous ne me ferez pas attendre une réponse qui doit décider de mon sort. »

Mademoiselle Laurent ne répondit pas.

Mais Caillot-Duval se piqua au jeu. Il écrivit à un M. Barth, qui était un de ses mystifiés ordinaires et dont il avait fait une sorte de correspondant général; il le pria de s'intéresser à la situation du jeune homme, qu'il présentait comme son neveu, en disant que le mariage de ce malheureux jeune homme manquerait sans doute, faute du certificat que Mademoiselle Laurent s'obstinait à refuser.

M. Barth connaissait Dazincourt, excellent acteur, plus excellent jeune homme; il va le trouver et il obtient, à force d'instances, que l'honnête comédien fera une démarche auprès de sa camarade, en faveur du provincial à marier.

La lettre de Dazincourt ne reste pas sans réponse : c'est le duc de Lauzun lui-même qui se charge d'écrire cette réponse sous la dictée et sous l'inspiration de sa maîtresse.

Celle-ci ne craint pas de déclarer que « sa conduite est trop connue, pour que l'on puisse rien dire sur son compte, dont la fausseté ne soit promptement prouvée; » et le duc de Lauzun rédige de sa propre main cette déclaration.

« Je vous prie donc, mon cher camarade, disait ensuite Mademoiselle Laurent, de rassurer les parents de M. Duval et de leur dire que je n'ai jamais eu aucun commerce avec lui, et que je prends de bon cœur l'engagement de n'en avoir jamais. »

Cette lettre, remise à M. Barth par Dazincourt, fut envoyée à Caillot-Duval, pour servir de certificat de bonne vie et mœurs à son neveu.

La correspondance que Fortia de Piles entama avec Mademoiselle de Sainville, danseuse de l'Opéra, roulait sur un sujet plus délicat encore, et cette correspondance dura plus de trois mois, tant était crédule et naïve l'humeur galante des nymphes de la Danse à cette époque.

Mademoiselle Sainville, maigre, jaune et fanée comme l'étaient ordinairement les *impures* à la mode, coûtait pourtant des sommes énormes au baron de Breteuil, qui se ruinait pour elle, sans y regarder.

Fortia de Piles se fait prince tartare, et il écrit de sa main d'Altesse à la demoiselle Sainville, que, devant se rendre à Paris dans le mois de janvier, il réclame l'honneur d'être reçu chez elle.

« J'ai l'amour-propre de croire, dit-il, que, lorsque j'aurai l'avantage d'être connu de vous, mes tendres sentiments vous arracheront un aveu qui fera le bonheur de ma vie. »

Le chambellan du prince, lequel est à Nancy avec les équipages de son maître, est chargé du délicat de la négociation; ce chambellan, c'est Caillot-Duval qui écrit à Mademoiselle Sainville, en lui faisant tenir la lettre du prince et en sollicitant une réponse pour Son Altesse.

« Je fais un effort sur moi-même, écrit Mademoiselle Sainville, pour répondre à ce que vous daignez me faire écrire, Monseigneur. Je suis pénétrée d'un pareil honneur; la lettre de ma sœur expliquera mieux mes sentiments. »

La sœur aînée se présente munie des pleins pouvoirs de sa sœur cadette, qui est au lit, malade des suites de son dernier voyage à Fontainebleau; elle invite le chambellan Caillot-Duval à leur transmettre les clauses du traité qu'il est chargé de conclure au nom du prince.

Le chambellan aborde la question : le prince est naturellement très-généreux, mais il se trouve un peu gêné, parce qu'il est en train de liquider les dettes que son père avait contractées avec le roi de Prusse. Néanmoins, voici ce qu'il offre à sa nouvelle maîtresse :

« D'abord, il veut une petite maison, seule, s'il est possible (pour vous, s'entend), aux environs des Boulevards; il y mettra mille écus; il la garnira de six à huit mille francs de meubles, habillera deux laquais et un cocher, donnera une diligence et deux chevaux, le tout de cinq à six mille francs; de plus, vous aurez cinquante louis par mois, et votre maison sera défrayée de tout. Je ne vous parle pas des petits agréments, tels que des loges aux spectacles et des cadeaux courants. »

Caillot-Duval proclame bien haut que l'intérêt n'est qu'une chose secondaire, et que c'est le sentiment seul qui doit décider de tout en amour.

Ces explications sont pour la sœur cadette. Caillot-Duval s'ouvre davantage avec la sœur aînée; il lui raconte tout un roman dont le prince est le héros, ce prince, vrai modèle de constance, et « dont le faible est de vouloir être aimé. »

Voilà l'intelligence qui s'établit entre les plénipotentiaires. Sainville aînée ne fait plus écrire ses lettres, elle se montre sans voile, avec son style et son orthographe; elle fait de sa sœur cadette l'éloge le plus flatteur et le plus touchant :

« Ma sœur est sans expérience, parce qu'elle est geune. L'amitié quelle a pour ses parents, et son penchant à rendre service son la base de son cœur. Concentrée dans le sein de sa famille où elle se plaît beaucoup elle ne voi point de sociétés où le cœur et l'esprit pourraient se dépraver. Avec de pareilles précautions et une semblable retenue, les qualités du cœur ne peuvent manquer de paroitre à ses yeux bien plus estimable que les avantages de la figure dont la frivolité serait le principal ornement. »

Au milieu de ces lieux communs de vertu sentimentale, elle avertit que sa sœur vient de louer, au prix de trois mille francs, une petite maison sur les Boulevards, et qu'elle peut se passer de chevaux et de voiture, attendu qu'elle en a deux toutes neuves. La compensation est laissée à la générosité du prince. Elle demande, dans le *postscriptum*, le nom de ce cher prince : « Sans cela, dit-elle, le roman deviendrait froi et sans intéres. »

A ce mot de *roman*, Caillot-Duval prend un air fâché :

« Rien n'est plus sérieux que tout ce que je vous ai écrit, et je ne vous cache pas que si le prince venait à être instruit de la manière dont vous avez reçu ses offres, le dépit pourrait les lui faire porter ailleurs où vous pouvez croire qu'elles seraient reçues avec empressement. »

Tout est rompu, si la demoiselle Sainville n'écrit

pas une lettre plus convenable, qu'on puisse montrer au prince sans blesser sa susceptibilité.

La Sainville aînée s'excuse et retire le mot *roman* dont elle s'est servie par mégarde :

« Comment avez-vous pu croire, dit-elle, que nous regardions comme un badinage des offres aussi sérieuses que celles que vous avez faites! »

Elle ne saurait donc être coupable à l'égard d'un prince aussi aimable et... *aussi aimé*.

« Le mot est lâché, je ferme ma lettre, car je lefacerois. »

Caillot-Duval accepte ces excuses et ne balance plus à révéler le nom de son maître, qui n'est autre que le prince Kabardinski, frère du prince Héraclius, dont la Russie, dit-il, a recherché l'alliance avec tant d'empressement.

« Le prince, avec un très-beau physique, a les manières un peu tartares ; que ce mot ne vous effraye pas : il est d'un caractère doux et bénin et n'a pas plus de fiel qu'un hanneton. »

Le chambellan touche au point le plus important de la négociation, en approuvant la location de la maison et en assurant que le prince mettra en vaisselle et en diamants le prix des chevaux et de la voiture.

Il paraît s'intéresser aux détails intimes que la demoiselle Sainville aînée lui a donnés sur la famille des Sainville, père, mère, sœurs et frères :

« Quant à Messieurs vos frères, je suis bien trompé si je n'ai pas entendu parler d'un M. Sainville du plus grand talent sur le sistre. Si par hasard il est votre frère, il pourra être utile à Son Altesse, qui a le désir d'apprendre un instrument et que nous déciderons pour celui-là, qui en vaut bien un autre. »

Il termine son épître par une équivoque un peu leste qui fait rougir les danseuses d'opéra.

Celles-ci ont conçu des doutes ; elles ont cherché dans l'*Almanach royal* le nom du prince Kabardinski, et elles ne l'y ont pas trouvé, bien entendu ; elles présument que c'est un faux nom sous lequel le prince a voulu se cacher ; la sœur cadette, qui n'a pas moins d'expérience que son aînée, résume ainsi ses défiances :

« L'on n'aime pas sans connaître ; il n'y a que de grandes qualités et de grandes assurances qui puissent déterminer un cœur qui se méfie de tout. Si le prince avait les tendres sentiments qu'on s'efforce de me faire croire, il m'en aurait déjà donné des preuves. »

L'argument était *ad hominem*.

Caillot-Duval suppose encore une lettre du prince, signée de son initiale, lettre pleine de protestations galantes et tendres, mais vide de preuves sonnantes. Il est arrivé à Nancy, il arrivera dans une nuit à Paris.

Le chambellan continue la correspondance et s'étonne que les demoiselles Sainville n'aient jamais entendu parler du prince, dont le nom a retenti dans toutes les gazettes :

« Prenez la peine, dit-il, d'ouvrir le tome V de l'*Histoire naturelle* de M. de Buffon, et la page 20 vous instruira de ce que sont les peuples de Kabardinski et s'ils sont tant à dédaigner ; selon cet auteur et selon la vérité, les habitants de cette contrée sont les plus vigoureux des hommes que l'on connaisse. »

Il termine encore cette lettre, par une plaisanterie gaillarde.

Les demoiselles Sainville commencent à s'apercevoir qu'elles pourraient bien avoir été mystifiées, et l'aînée se charge de déployer toutes les ressources de son style et de son orthographe, pour railler à son tour le faux chambellan et le prince imaginaire.

« Ma sœur, dit-elle, présume qu'il en doit être de votre prince Héraclius, comme de celui de Cornail. » (*Cornail* était mis là pour *Corneille !*)

Caillot-Duval est démasqué, il n'a plus de ménagements à garder, et il rassemble dans sa lettre les folies les plus extravagantes sur la principauté de Kabardinski, située en Crimée, où le prince *Botanipet* commande une division composée de trois régiments des *Pastervipèdes*, *Friscarpètes* et *Simmocupètes*.

Il termine cette fois sa lettre par un logogriphe, qui est, en quelque sorte, le bouquet du feu d'artifice de cette mystification amoureuse.

## VIII

C'est ainsi que Fortia de Piles remplit et égaya les loisirs de sa vie sédentaire de garnison : dans l'espace de cinq ou six mois, il écrivit plusieurs centaines de lettres plus ou moins amusantes, qui lui amenèrent presque autant de réponses, adressées à Nancy, poste restante, et qui formèrent, par leur réunion, les archives comiques de la Mystification épistolaire.

Quand Fortia de Piles eut rassemblé ce joyeux trésor, il en fit part à ses amis et il le montra dans toutes les villes où il séjournait, dans tous les cafés où il prenait habitude.

Caillot-Duval devint bientôt l'épouvantail des sots, des simples et des niais; on ne parlait que de ses malices et on tremblait de rencontrer jamais un pareil correspondant. Les victimes qu'il avait faites pour divertir la galerie se gardèrent bien de réclamer ou de se plaindre : elles savaient bien qu'on ne leur rendrait pas leurs lettres.

Ces lettres furent imprimées, dix ans plus tard,

sous ce titre : *Correspondance philosophique de Caillot-Duval*, rédigée d'après les pièces originales et publiée par une Société de littérateurs lorrains ( A Nancy, et se trouve à Paris, chez les marchands de nouveautés, 1795, in-8°). Les originaux restaient déposés à Nancy, chez le citoyen Michel, demeurant rue Saint-Dizier, et le dépositaire offrait de les communiquer aux curieux.

La publication passa presque inaperçue, à cause des sombres et douloureuses préoccupations de l'époque : on sortait à peine de la Terreur, et le rire n'avait pas encore repris ses droits. D'ailleurs, le titre du livre n'indiquait pas un ouvrage d'un genre léger et d'une lecture attrayante. Caillot-Duval était alors oublié; on le disait mort, dans la préface de son recueil, et ses correspondants avaient disparu la plupart. Quelques-uns pourtant s'indignèrent d'être mis au pilori du ridicule et recherchèrent, pour se venger, quel pouvait être l'auteur de cette dernière publication.

Fortia de Piles compléta la plaisanterie, en faisant courir le bruit que le soi-disant Caillot-Duval n'était autre que Grimod de la Reynière, un de ses plus redoutables concurrents dans l'art de la Mystification.

En même temps, il écrivait à Grimod de la Reynière ;

« Mon cher ami, vous venez d'imprimer votre fameuse *Correspondance de Caillot-Duval*, pour nous prouver qu'il est encore permis de rire en France après le règne des Marat et des Robespierre. Je vous remercie, pour ma part, des moments agréables que je vous dois; mais il est possible que ce joli recueil nous attire certains désagréments et nous mette deux ou trois duels sur les bras. A vous la plume, à moi l'épée. Si l'on vous cherche querelle, spirituel et joyeux Caillot-Duval, je me charge très-volontiers de contenter les gens qui ne seraient pas contents. Envoyez-moi tous vos adversaires, si terribles qu'ils soient, et accordez-moi, s'il le faut, la grâce de me faire tuer pour vous. »

Heureusement, Fortia de Piles ne fut pas tué pour le compte de Caillot-Duval, et il poursuivit jusqu'à un âge très-respectable le paisible cours de ses mystifications.

# LES
# REPAS DE GRIMOD DE LA REYNIÈRE

# LES
# REPAS DE GRIMOD DE LA REYNIÈRE

## I

C'est là un nom bien connu, mais qui ne réveille plus d'autres souvenirs que ceux de l'*Almanach des Gourmands*.

On a oublié, en effet, que Grimod de la Reynière a occupé pendant vingt ans une position élevée dans la critique; on ne sait pas, non plus, que ce feuilletoniste spirituel, quelquefois acerbe et impitoyable, fut un des plus bizarres mystificateurs de son temps.

Dès sa première jeunesse jusqu'à la fin de sa vie, et sa vie a été longue pour un mystificateur, Grimod de la Reynière essaya de différents genres de mystification, non-seulement contre cet éternel plastron qu'on nomme le public, mais encore contre sa famille, ses confrères et ses amis.

C'était souvent un être insociable, car il avait d'irrésistibles instincts de malice, des accès de méchanceté, et, dans le moment où son démon prenait le dessus, il était capable des plus grandes noirceurs pour livrer son prochain au supplice du ridicule.

Quant à lui, il ne riait jamais; le seul plaisir qu'il éprouvât à mystifier les gens, c'était de jouir froidement, silencieusement, de leur surprise, de leur embarras, de leur colère.

Il faut donc considérer Grimod de la Reynière comme un mystificateur cruel et souvent odieux.

Il en voulait à la Nature entière, et cela, parce que le sort, qui l'avait doué sous le rapport de la figure, de l'esprit et de la fortune, lui avait refusé des mains faites comme celles du plus misérable des hommes. Il était né infirme et disgracié, avec des pattes d'oie ou des moignons informes, auxquels on adapta des doigts artificiels qu'il cachait toujours sous des gants.

Il se servait de ces doigts postiches aussi adroitement que s'ils eussent été naturels; il écrivait, il dessinait, il découpait même avec une habileté prodigieuse; mais il ne quittait jamais ses gants et ne montrait à personne la triste infirmité qui faisait sa honte et son désespoir.

Ce ne fut que dans sa vieillesse, qu'il négligea de dissimuler un vice de conformation sur lequel on avait créé tant de vagues conjectures.

Si nous en croyons un témoin oculaire, Grimod de la Reynière appartenait à la race des palmipèdes : ses mains ressemblaient à des serres d'oiseau de proie : les quatre doigts étaient palmés et réunis en un seul, et leur extrémité armée d'une griffe. Le pouce, beaucoup plus long et plus gros qu'un pouce ordinaire, portait aussi une griffe au lieu d'ongle. Ce pouce et ce quadruple doigt, dépourvus d'articulation et de mobilité, possédaient une puissance extraordinaire pour étreindre un objet, à l'instar d'un étau. Les griffes monstrueuses dont ils étaient accompagnés auraient eu, au besoin, une action terrible pour déchirer et pour lacérer. Enfin, rien n'était plus hideux que l'aspect de cette difformité, que Grimod de la Reynière ne pardonnait pas aux innocents auteurs de ses jours.

Son père, ancien fermier-général et administrateur des postes, devait à ses richesses l'honneur d'avoir épousé Mademoiselle de Jarente, la nièce de l'évêque d'Orléans. Il était, d'ailleurs, d'une naissance obscure, et il portait sur toute sa personne la marque indélébile de son origine roturière.

Madame Grimod de la Reynière, au contraire, par sa morgue, son insolence et son orgueil, voulait prouver qu'elle n'avait pas déchu et que l'écusson de Jarente brillait toujours du même éclat, en face des millions du fermier-général.

L'héritier de ces millions et de cet écusson se vengea d'abord de son père et de sa mère, en s'attaquant à leur vanité financière et nobiliaire.

Il était encore enfant, quand on lui fit apprendre le dessin : il se mit, de lui-même, à dessiner des mains, plutôt que des têtes, en dépit de son maître, qui ne se rendait pas compte de la passion du petit dessinateur pour les études de mains.

L'élève n'avait rien de plus pressé que d'offrir, tantôt à son père, tantôt à sa mère, les premiers essais de son crayon, qui faisaient une amère allusion à sa propre infirmité.

Un jour, il écrivit au bas d'une de ces études académiques :

« Mes chers parents, que ne puis-je vous rendre ce que vous m'avez donné! »

Le jeune Grimod de la Reynière prouva de bonne heure qu'il avait le génie de la mystification, et qu'il procédait volontiers en toute chose par esprit de contradiction et de vengeance.

Il affecta de dédaigner la Noblesse et la Finance;

il se fit recevoir avocat et il manifesta hautement la résolution de suivre la carrière du barreau. En même temps, il se jetait dans la société des philosophes, des gens de lettres, des artistes et des comédiens.

Son père fut indigné, sa mère désespérée. Il n'y prit pas garde, et il continua, comme on disait dans les salons de l'hôtel de la Reynière, à s'encanailler.

Quelquefois, forcé d'obéir à un ordre de son père ou à une prière de sa mère, il paraissait dans ces salons fastueux où affluait le monde de l'aristocratie; il assistait même à des dîners splendides, à des fêtes brillantes, qui ne lui procuraient que de l'irritation et de l'ennui.

Dans ces circonstances, il se gardait bien de s'habiller avec le luxe et la recherche d'un homme de qualité; au lieu de l'habit de cour, en velours de couleur éclatante, tout brodé d'or et orné de boutons de métal ou de stras, il revêtait, comme à l'ordinaire, sa casaque de velours noir, taillée en sac, tombant au-dessous du genou, boutonnée par devant jusqu'au menton, avec de larges manches flottantes, dans lesquelles disparaissaient ses mains gantées.

Une fois, il eut l'incroyable idée de conserver sur sa tête son chapeau de feutre à grands bords;

une autre fois, il le remplaça par son bonnet d'avocat.

D'habitude, il couvrait d'une calotte de drap rouge son crâne qui s'était dégarni de cheveux.

Sa cravate à rabat, ses bas de soie noire et ses gros souliers de cuir verni complétaient son costume sombre et sévère, qui faisait tache au milieu des habits dorés et des toilettes éblouissantes.

Ce n'est pas tout; il affectait des airs rustiques et plébéiens, il marchait sur les pieds des femmes; il s'accrochait aux épées des hommes et il mettait le désordre dans l'assemblée.

A chaque grand personnage qui entrait et qui allait saluer la maîtresse de la maison, il adressait un compliment burlesque, en se prosternant jusqu'à terre avec une affectation de respect extravagant.

Il brouillait à dessein les noms, les titres et les qualités des convives et des invités : il appelait un traitant *monseigneur*, un prince *mon ami*, un ministre *monsieur*, et, à chaque instant, de recommencer ses salamalecs, de saluer vingt fois de suite la même personne et de se confondre en politesses exorbitantes, interminables, incommensurables. Il obligeait par là les épines dorsales les plus roides à s'assouplir et à se désarticuler.

Si quelqu'un s'avisait de lui présenter la main dans les salons de son père, il saisissait cette main entre ses deux pinces et il la serrait de manière à y laisser une meurtrissure.

Il n'épargnait aucune occasion de blesser M. et Madame de la Reynière dans leur vanité ombrageuse et susceptible.

Il disait tout haut, à table :

« On dîne mieux au cabaret, que chez les fermiers-généraux. »

Ou bien :

« Le cuisinier de Monsieur mon père est en train de faire fortune ; il se gâte. »

Dans une réception d'apparat, il s'était placé derrière sa mère et il accueillait par cette question interloquante tous ceux qui venaient s'incliner devant Madame de la Reynière :

« Approchez, ne craignez rien ; la fortune ne se gagne pas comme la peste. »

Il n'eut pas de peine à devenir insupportable à ses parents et surtout à *très-haute* et *très-puissante dame* sa mère, ainsi qu'il l'appelait devant témoins ; on cessa donc de le persécuter, pour qu'il figurât dans les réunions aristocratiques de l'hôtel de la Reynière.

C'était là tout ce qu'il demandait.

## II

Grimod de la Reynière fils vécut dès lors à sa guise, et il eut son train de maison particulier, dans l'hôtel même de son père, aux Champs-Élysées.

Ce train de maison, quoique luxueux et abondant, se ressentait de l'originalité fantasque du jeune Grimod de la Reynière, qui semblait n'avoir rien de plus à cœur que de mystifier tout le monde.

Son père lui avait donné un équipage richement attelé : il s'en servait, pour aller lui-même à la Halle faire ses provisions de bouche, car il était singulièrement gourmet et connaisseur en fait de bonne chère.

Il rapportait dans sa voiture le gibier, le poisson, les primeurs et les fruits, qu'il avait choisis avec un tact merveilleux qui faisait l'admiration des marchands.

Ceux-ci l'avaient surnommé le *fermier-général de la cuisine*, et ils s'amusaient à l'entendre disserter sur les qualités des denrées alimentaires.

Il disait, en flairant une carpe :

« Voilà une commère qui dormait dans la vase quand on l'a pêchée; on eût mieux fait de l'y laisser. »

En examinant une bécasse :

« Cette petite personne n'avait pas encore préparé sa sauce, quand on l'a tirée; à d'autres ! »

En touchant un lièvre :

« Ce drôle-là a cohabité avec des lapins; il a perdu son fumet. »

En indiquant du doigt un beau fruit :

« Il lui manque trois heures de soleil sur l'arbre. »

En étudiant une cloyère d'huîtres :

« Ce sont des pensionnaires qui ne demandaient qu'à engraisser sur leur banc. »

En goûtant une truffe :

« Le gaillard qui a trouvé celle-ci n'avait pas plus de nez que Monsieur mon père. »

Et tout l'auditoire de rire, et les poissardes de dire dans leur jargon :

« Ce manchot n'est pas un sucré, mais un petit salé. »

Il s'était baptisé, de sa pleine autorité, le *défenseur du peuple*, et il plaidait volontiers pour les pauvres, en les payant, disait-il, à raison du plaisir qu'il avait à les défendre.

Il n'était généreux qu'à l'égard des personnes nécessiteuses, car jamais il ne donnait rien à ses égaux; loin de là, il les faisait contribuer à ses œuvres de charité; il leur vendait, dans cette intention, ses bijoux, ses meubles, et tout ce qui pouvait être l'objet de ce bizarre commerce : l'argent du marché s'en allait aussitôt en aumônes.

Quand on venait lui rendre visite, il faisait atteler son carrosse pour reconduire le visiteur, mais il avait soin de lui faire payer une course de fiacre, sans oublier le pourboire du cocher.

Il laissait, du moins, respirer son père et sa mère, excepté de temps à autre, quand il éprouvait, pour ainsi dire, la démangeaison de leur faire maudire sa naissance.

Quelquefois, s'il savait que Madame de la Reynière se disposât à sortir en voiture avec une amie, il allait s'asseoir sur les marches du perron d'honneur, avec un panier de salades ou de légumes, qu'il épluchait avec une dextérité réjouissante.

A cette vue, l'orgueilleuse femme du fermier-général rougissait et se cachait dans ses coiffes.

« Madame ma mère, lui disait l'inflexible railleur, ce qui distingue la salade, d'une quantité de gens que nous connaissons, c'est qu'elle a du cœur. »

Son père n'avait pas de prétention à la noblesse de race, mais il tenait à celle des écus, et il regardait la foule, du haut de ses millions. Grimod de la Reynière savait le piquer à l'endroit sensible.

Il convoquait, dans la cour de l'hôtel, une bande de mendiants couverts de haillons; il les faisait ranger en haie sur le passage du financier, qui n'osait les faire chasser par les laquais, et s'avançant vers son père, le chapeau à la main :

« Monsieur, lui disait-il, la charité, s'il vous plaît, pour ces pauvres diables qui ont été ruinés ou qui peuvent l'être par les fermiers-généraux ! »

Le superbe financier ne baissait la tête que devant le bruit du tonnerre ou des armes à feu; c'en était assez pour le faire trembler de tous ses membres. Il avait une telle peur de la foudre, à l'instar de Néron et de quelques tyrans de l'antiquité, qu'il courait se réfugier dans la cave, dès qu'il entendait tonner, et il y restait jusqu'à ce que l'orage fût passé.

Il avait fait établir, pour cette destination, un appartement dans un souterrain profond, où il allait s'enfermer dès qu'il voyait briller un éclair.

Grimod de la Reynière ne manquait pas de se

divertir aux dépens des terreurs insensées de son déplorable père.

Par une belle matinée de printemps ou d'été, lorsque le ciel était pur et l'air tranquille, il entrait dans le cabinet de M. de la Reynière :

— Entendez-vous ? disait-il.

— Quoi ? Je n'entends rien, répondait le Turcaret.

— C'est très-heureux : vous devenez sourd. Il tonne, depuis une heure, d'une façon effroyable.

— Il tonne, grand Dieu !

— Tenez, la maison tremble à chaque coup. Écoutez !

— O ciel ! ayez pitié de moi !

— Vous entendez donc ?

— Non, mais, puisque vous entendez, vous, cela suffit !

— Eh bien, où allez-vous ainsi ?

— Je vais... Vous savez que je ne puis m'accoutumer à ce bruit horrible...

— Vous entendez donc, enfin ?

— Oui.

Et le malheureux fermier-général, qui s'imaginait avoir entendu un coup de tonnerre lointain, descendait dans sa cave et y passait parfois la journée, en croyant toujours entendre les éclats de la foudre.

Or, il avait fait ce jour-là un admirable temps.

M. de la Reynière, encore pâle et troublé, sortait de sa retraite et disait aux personnes qu'il rencontrait :

— Quel orage épouvantable nous avons eu aujourd'hui !

— Un orage ? lui répondait-on avec surprise. Vous l'avez rêvé.

— Plût au ciel ! le tonnerre est tombé certainement plus d'une fois à Paris. A-t-il tué beaucoup de monde ?

Le lendemain, Grimod de la Reynière arrivait chez son père, un journal à la main.

— Le tonnerre est encore tombé douze fois sur les arbres des Champs-Élysées pendant l'orage d'hier.

— Douze fois ! s'écriait le financier consterné. Je vais faire poser onze paratonnerres de plus sur mon hôtel.

Il y avait déjà des paratonnerres de tous les côtés, et les toits de l'hôtel de la Reynière en étaient hérissés, à une époque où la belle découverte de Franklin commençait à peine à se répandre en France.

Une nuit, le facétieux mystificateur fit peindre en rouge cette forêt de paratonnerres, et il voulut persuader au crédule financier que c'était là un effet de la foudre qui avait inutilement menacé la maison.

M. de la Reynière l'aurait cru, si, par suite d'un quiproquo auquel son fils ne fut peut-être pas étranger, le peintre des paratonnerres ne lui eût fait présenter la note de ce travail nocturne. La note fut payée, et les paratonnerres reprirent leur couleur noire.

Le jeune homme les fit peindre encore une fois en bleu et en vert, pour égayer le paysage, disait-il.

Grimod de la Reynière, à son entrée dans le monde, n'avait aucun penchant pour les femmes; il fuyait leur société, et il semblait craindre de se montrer devant elles, car il se rendait justice et il s'avouait tout bas qu'il ne pouvait être pour le beau sexe qu'un objet de curiosité, de pitié ou de dégoût.

Il en avait conçu, à l'égard de ce sexe, une sorte de haine et de ressentiment, qu'il se plaisait à lui témoigner à sa manière.

Deux amies de sa mère l'avaient prié avec tant d'instance de vouloir bien ôter ses gants, qu'il finit par se rendre à leur désir; mais il le leur fit payer cher, car, en leur montrant ses mains contrefaites, il leur déchira les bras avec ses ongles crochus.

Dans diverses occasions, il avait manifesté la malice la plus féroce vis-à-vis des femmes, qu'il aurait trop aimées pour se consoler de n'en être pas aimé.

Aux étrennes, il envoyait, aux dames de qualité qui fréquentaient les salons de l'hôtel de la Reynière, une multitude de colifichets satiriques et de drôleries malhonnêtes, qu'il mettait sur le compte de son père.

Il leur adressait des dragées en plâtre, des pâtes purgatives, des confitures à la coloquinte, des sucreries mélangées d'ingrédients narcotiques, aphrodisiaques, restrictifs, carminatifs, etc.

Il leur offrait, de la part de sa mère, des poudres et des cosmétiques parfumés, qui rougissaient ou noircissaient la peau, causaient des démangeaisons insupportables et produisaient des effets diamétralement opposés à ceux qu'ils étaient censés devoir produire.

Aussi, le jeune de la Reynière était-il l'effroi des connaissances de sa famille, qui sans cesse avait à demander grâce pour quelque nouveau tour de son estoc.

Mais il eut l'idée de recevoir à sa table ses confrères du barreau, ses amis des théâtres et ses collaborateurs des journaux. Il commença par des déjeuners qui avaient lieu deux fois par semaine et qui rassemblaient chaque fois une vingtaine de convives.

Le déjeuner, à cette époque, était un repas frugal, auquel on n'avait jamais invité personne. Grimod de la Reynière en changea l'heure, l'ordonnance et la destination.

Le déjeuner devint dès lors la préface du dîner et le dîner lui-même; il remplaça de la sorte les trois repas qui composaient l'ordinaire d'un homme sachant vivre et vivant bien, c'est-à-dire le déjeuner, le dîner et le souper. Il commençait à midi et ne se terminait qu'à quatre heures; on arrivait à jeun et on en sortait convenablement chargé de nourriture pour le reste de la journée.

Ces repas, que le jeune gastronome organisait lui-même et faisait préparer sous ses yeux, furent bientôt très à la mode, et les plus grands personnages auraient regardé comme une faveur d'y être invités; mais l'amphitryon ne voulait admettre aucun intrus, disait-il, aucun sycophante; ce n'étaient que des avocats, des gens de lettres, des comédiens et des artistes, qui trouvaient place aux déjeuners de l'hôtel de la Reynière.

La chère y était exquise, les vins et les liqueurs n'avaient pas leurs pareils au monde, le service égalait celui des plus magnifiques dîners du fermier-général,

Grimod de la Reynière faisait les honneurs de sa table, avec une grâce et un enjouement intarissables; mais, néanmoins, dès l'inauguration de ces déjeuners hebdomadaires, le mystificateur se montrait à quelques signes précurseurs.

Un jour, on ne buvait que des vins blancs; un autre jour, des vins rouges; cette fois, tout le repas ne se composait que de poisson, ou de gibier, ou de volailles, ou de bœuf, ou de mouton : les assaisonnements et les sauces variaient seuls le menu.

Ce furent les préludes des bizarres et fantastiques inventions du Lucullus et du Trimalcion moderne.

## III

Dans les derniers jours du mois de janvier 1783, vingt-deux personnes, appartenant à la littérature, au théâtre et au barreau, reçurent par la poste un billet d'invitation, imprimé dans la forme des billets d'enterrement, avec des gueules béantes, au lieu de têtes de mort.

Ce billet était ainsi conçu :

« Vous êtes prié d'assister au convoi et enterrement d'un Gueuleton, qui sera donné le samedi 1$^{er}$ février par messire Balthazar Grimod de la Reynière, écuyer, avocat au parlement, correspondant, pour la partie dramatique, du journal de Neufchâtel, en sa maison des Champs-Élysées.

« L'on se rassemblera à neuf heures du soir, et le souper aura lieu à dix.

« Vous êtes prié de ne point amener de laquais, parce qu'il y aura des servantes en nombre suffisant.

« Le cochon et l'huile ne manqueront point à souper.

« Vous êtes prié de rapporter le présent billet, sans lequel on ne pourra entrer. »

Ce billet d'invitation circula dans les coulisses, les cafés, les cercles, les bureaux de gazettes; il piqua la curiosité des personnes qui connaissaient le caractère original de Grimod de la Reynière, et les invités se promirent de ne pas manquer au rendez-vous.

L'amphitryon avait voulu se trouver absolument maître de l'hôtel de la Reynière et de tout le matériel de la cuisine et de l'office.

En conséquence, le matin du 1er février, il alla voir son père qui était encore au lit, et lui annonça qu'il avait fait préparer pour le soir même un splendide feu d'artifice, dans lequel on verrait tous les phénomènes de la foudre céleste.

M. de la Reynière n'en demanda pas davantage; il se leva sur-le-champ, s'habilla tout à la hâte et partit pour la campagne, malgré la neige qui tombait à flocons.

Madame de la Reynière n'avait pas même été avertie du départ de son mari, mais elle reçut de son fils une lettre très-respectueuse, qui lui promettait pour l'après-dîner une ambassade de poissardes de la Halle, lesquelles devaient lui offrir un bouquet, l'embrasser les unes après les autres et lui réciter un compliment en l'honneur du carnaval.

Madame de la Reynière ne se sentit pas le courage d'attendre de pied ferme le compliment, le bouquet et l'accolade des dames de la Halle au poisson ; elle fit mettre les chevaux à son carrosse et s'en alla passer deux jours au château de Grosbois.

Grimod de la Reynière s'empara aussitôt de tout l'hôtel et y fit exécuter, à huis clos, tous les apprêts de son fameux souper, par trois cents ouvriers tapissiers, menuisiers et décorateurs.

La grande porte resta fermée, ce jour-là, et comme on venait y frapper à chaque instant, il fit apposer un écriteau portant cette inscription :

*On est prié de repasser, avant le jugement dernier des fermiers-généraux.*

Tout était en mouvement dans l'intérieur de l'hôtel ; on changeait complétement la décoration des appartements, et le bruit des marteaux se mêlait au cliquetis des casseroles et des tournebroches.

Grimod de la Reynière présidait à tout ce remue-ménage ; il avait pris pour aide et pour conseil un petit homme à la mine éveillée, à la parole joviale, à la voix grasseyante : c'était Dugazon, un des bons acteurs de la Comédie-Française.

L'ordonnateur de la fête avait l'air grave et presque solennel ; il ne se déridait pas même, en goûtant les sauces avec la conscience d'un expert juré.

A neuf heures sonnant, les convives arrivèrent coup sur coup, la plupart à pied, quelques-uns en voiture, tous en habit de gala.

Le suisse, en grand uniforme, la hallebarde au poing, se tenait à la porte d'honneur.

— Où allez-vous, Monsieur? disait-il à chaque arrivant : Chez l'Oppresseur du peuple, ou chez le Défenseur du peuple?

La question, posée ainsi à brûle-pourpoint, ne laissait pas que d'embarrasser ceux à qui elle s'adressait. Toutefois, on ne pouvait confondre l'avocat avec le fermier-général, et chacun se rappelait que de tout temps un avocat avait passé pour le défenseur de la veuve et de l'orphelin.

On entrait donc résolûment chez le Défenseur du peuple, quand le suisse avait corné le billet d'invitation.

Mais la surprise était grande pour les invités, de se trouver d'abord dans une espèce de salle d'armes, dont les murailles n'avaient pas d'autre tapisserie que des épées, des sabres, des poignards, des pistolets et des carabines, accrochés et agencés avec beaucoup de régularité et de symétrie.

Au milieu de cet arsenal, on voyait dix hérauts d'armes, casqués, cuirassés, équipés à la façon du quinzième siècle, debout et immobiles, la trompette à la main.

Ils étaient chargés, à tour de rôle, d'introduire les convives dans la première chambre du Gueuleton.

Cette chambre, tendue en drap rouge, n'était éclairée que par des feux de Bengale, que vomissaient deux monstres fantastiques, en bronze, dont le corps difforme renfermait un appareil pyrotechnique.

Là, un personnage inconnu, armé de pied en cap, la visière baissée et l'épée nue à la main, s'avançait d'un pas menaçant sur les nouveaux venus et leur demandait, d'une voix de stentor, s'ils étaient bien résolus à tenter l'aventure.

Sur la réponse affirmative de l'initié, qui présentait son billet, on le faisait passer dans la seconde chambre du Gueuleton.

Cette seconde chambre ressemblait à une étude de procureur; on avait peint sur les murs une multitude de sacs et de dossiers d'avocat; elle était éclairée par un lustre en forme de balance.

Une inscription, sur un transparent lumineux, annonçait que les philosophes et les gens d'esprit devaient être à leur aise chez l'ennemi des fermiers-généraux, des nobles et des sots.

Un homme, d'un âge respectable, portant robe

noire, perruque à marteau et bonnet carré, était assis devant une table couverte de registres et de paperasses. Il adressait la parole aux invités; il demandait lentement, froidement, tristement, à chacun, son nom, sa demeure, sa profession, ses qualités : il prenait note de tout, et il avait l'air d'un juge dressant son réquisitoire.

Après quoi, il terminait l'interrogatoire, par quelque question saugrenue ou comique, à laquelle on était forcé de répondre, et cette réponse embarrassait souvent celui qui devait la faire.

On sut plus tard que le rôle du commissaire enquêteur était rempli par un bon bourgeois, nommé Aze, maître fondeur, ciseleur, graveur et argenteur, demeurant à Paris, rue de la Vieille-Monnaie.

Il avait connu Grimod de la Reynière dans la loge maçonnique, où celui-ci s'était fait recevoir franc-maçon, et ils se lièrent ensemble sous les auspices de la franc-maçonnerie, qui favorisait leur goût prononcé pour la mystification.

Après toutes ces formalités, les invités étaient admis dans la salle d'assemblée, dont un huissier ouvrait la porte, en les annonçant par leurs noms, titres et qualités.

Avant qu'ils eussent le temps de se reconnaître, deux enfants de chœur grotesques les encensaient et les enveloppaient d'un nuage de fumée odorante.

Ensuite, deux joueurs de mandoline exécutaient sur leur instrument différents airs mélancoliques, en chantant des vers que Grimod de la Reynière avait composés à l'occasion de cette fête de carnaval, et qui roulaient sur le mépris des vanités humaines, sur les joies du système d'Épicure et sur le calme du vrai philosophe en face de la mort.

La salle d'assemblée, où l'amphitryon attendait ses vingt-deux convives et les recevait avec une majesté silencieuse, c'était le grand salon du fermier-général. On n'avait fait aucune innovation dans l'ameublement. Tout resplendissait de velours, de satin, de brocart, de dorure, que reflétaient les glaces des cheminées et des trumeaux; mais les lustres et les girandoles n'avaient point été allumés.

Cette vaste pièce n'était éclairée que par quatre bougies de cire verte, qu'on avait placées dans des têtes de mort, en guise de lanternes, ce qui produisait une demi-clarté sépulcrale.

Rien n'était plus étrange que ces têtes de mort lumineuses, au milieu des emblèmes riants de l'amour, de la volupté et de la richesse.

Qui le croirait? Grimod de la Reynière avait imaginé ce souper philosophique, moins pour jouir de l'étonnement de ses hôtes que pour célébrer d'une manière exceptionnelle son heureuse initiation au bonheur d'aimer.

Il fallait être Grimod de la Reynière, pour associer des idées, des impressions et des sentiments aussi incompatibles !

Or, il était devenu amoureux d'une fille d'Opéra, et il avait voulu prouver à vingt-deux hommes d'esprit, que, malgré toutes les folies que l'amour pourrait lui faire faire, il n'en restait pas moins philosophe.

La déesse de la fête était présente, sous des habits d'homme, avec une de ses compagnes. Grimod de la Reynière la présenta tour à tour à chacun des invités, en les priant de se souvenir que les yeux et les oreilles des femmes étaient plus faciles à s'effaroucher qu'à se fermer : il leur rappelait donc qu'ils allaient pénétrer dans le temple de la Vestale.

Ces préliminaires assez lugubres avaient mal disposé l'appétit des convives, quand on entendit sonner le glas des morts dans une salle voisine ; c'était le signal du souper.

Le maître du logis prit la main des deux femmes et ouvrit la marche, suivi des vingt-deux convives, qui s'engagèrent, à sa suite, dans un corridor entièrement obscur, non sans éprouver une vive émotion de curiosité et d'inquiétude.

La cloche tintait toujours. Les portes du salon s'étaient refermées derrière eux et ils se pressaient les uns contre les autres dans les ténèbres.

Tout à coup, une toile de théâtre se lève, et l'on aperçoit la table dressée dans la salle du festin.

Cette salle, complétement tendue de noir, comme pour des funérailles, était éclairée par des lampes antiques et des candélabres gigantesques chargés de bougies; on eût dit une chapelle ardente.

De toutes parts, les attributs de la mort opposés à ceux de l'amour; des os et des têtes de mort peints et brodés sur les tentures, des arcs et des carquois, des cœurs enflammés et des couronnes de roses.

La table représentait un immense catafalque, sur lequel brillaient aux feux des bougies les plus belles pièces d'argenterie et d'orfévrerie. Le couvert des convives avait été préparé, en vue de cette bizarre orgie : les verres de cristal étaient taillés en façon de vases lacrymatoires et de coupes funéraires; les assiettes de porcelaine peinte et dorée offraient pour sujets un ingénieux mélange d'attributs galants et funèbres, avec des devises qui tenaient aussi des deux genres.

Une couronne de cyprès et de roses était déposée sous la serviette de chaque invité, qui dut la placer sur sa tête, bon gré mal gré, pour obéir à l'injonction du Roi du festin.

On s'était mis à table, mais on ne se sentait pas trop d'humeur à boire ni à manger, en présence de cet appareil mortuaire. On mangeait du bout des lèvres, on buvait en silence, jusqu'à ce qu'on se fût familiarisé avec la physionomie assez peu réjouissante de la salle.

Mais le souper était splendide, les mets étaient succulents, les vins exquis. On ne tarda pas à oublier la forme des verres et les peintures des assiettes : on mangea bientôt à belles dents, on but à longs traits; un aimable laisser-aller gagna l'assemblée, qui devint gaie et rieuse.

— Ce festin est l'image de la vie, dit sentencieusement Grimod de la Reynière : on est heureux, on aime, et la mort est là.

Cette réflexion philosophique faillit rembrunir les fronts et les esprits; mais la gaieté reparut presque aussitôt, quand on vit apporter un nouveau service.

C'était le cinquième. Celui-ci n'était composé que de chair de porc accommodé de toutes les manières. On y fit largement honneur.

— Que vous semble de ce service? demanda Grimod de la Reynière, en s'adressant à tous ses convives.

— Excellent! divin! admirable! parfait! sublime! telles furent les exclamations qui répondirent avec un enthousiasme flatteur à la question délicate du Lucullus goguenard.

— Messieurs, reprit-il d'un ton grave et doctoral, cette cochonaille est de la façon du charcutier Grimod, demeurant rue Montmartre, à l'enseigne du *Veau d'or*, mon cousin et le cousin de mon père.

On se regarda en s'efforçant de ne pas rire, et l'on recommença de plus belle à jouer de la fourchette.

Un sixième service fut mis sur la table : il n'était formé que de salades de vingt espèces différentes.

— Avez-vous remarqué l'huile de ces salades? demanda l'amphitryon; en êtes-vous contents?

— On n'en a pas de meilleure chez le roi! répondit un des dégustateurs, en se faisant l'interprète de tous.

— Eh bien! reprit d'un air glorieux Grimod de la Reynière, cette huile m'a été fournie par l'épicier Laurent, demeurant rue des Lombards, à l'enseigne de *l'Olivier*, mon cousin et le cousin de mon père. Je vous le recommande, ainsi que notre cousin le charcutier Grimod.

On rit cette fois à gorge déployée, et l'amphitryon, se tournant vers un scribe qui rédigeait le procès-verbal de la séance gastronomique, lui dit d'un ton solennel :

— Ne manquez pas de mettre en grosses lettres : « cousin de Monsieur mon père. »

Le septième service était composé exclusivement de sucreries et de pâtes confites. On ne les ménagea pas plus que le reste, et les soupeurs donnèrent quelque répit à leur estomac fatigué, en croquant des douceurs.

Grimod de la Reynière attendit qu'ils eussent goûté à tous les bonbons, pour leur faire sa question sacramentelle : « Êtes-vous content du confiseur ? »

— Oui ! oui ! s'écrièrent à la fois tous les assistants qui avaient encore la bouche pleine.

— J'en suis flatté pour lui et pour moi, dit le plaisant amphitryon, car ce confiseur, qui se nomme Genin, et qui excelle dans l'art des devises de bonbons, est le petit-cousin de ma mère. Je vous le recommande surtout pour les dragées de baptême.

Il y eut encore un huitième et un neuvième service, mais Grimod de la Reynière avait épuisé la liste de ses parents roturiers et marchands : il ne nomma pas le pâtissier et le fruitier qui avaient fourni les fruits et les pâtisseries ; il se contenta de porter deux santés, l'une à l'Amour et l'autre à la Mort.

En ce moment, une galerie supérieure qui régnait autour de la salle à manger se remplissait de spectateurs, auxquels l'amphitryon avait permis de jeter un coup d'œil sur le souper.

Trois cents billets avaient été distribués à cet effet, et les porteurs de ces billets furent introduits à deux heures du matin.

A peine étaient-ils entrés, qu'un orchestre caché exécuta un *Requiem* à la sourdine, tandis que des choristes chantaient, sur un mode vif et joyeux, des airs à boire et des ariettes d'opéra-comique.

Ce mélange de gai et de triste, de religieux et de profane, n'était pas fait pour favoriser la digestion des convives. Ils firent la grimace et s'arrêtèrent sur les dernières limites de leur appétit.

Ce n'est pas tout : les chanteurs entonnèrent le *De profundis,* et l'orchestre se mit à jouer des valses et des contredanses. Mais l'auditoire n'avait pas envie de danser, en écoutant les lamentables mélodies du chant des morts.

Pendant qu'un silence glacial se répandait autour de la table où l'on ne voyait plus qu'une représentation funèbre, le service qui avait été fait jusquelà par des filles assez jolies, en costumes de nymphes et de bacchantes, changea de personnel : de véritables croque-morts, tout de noir habillés, avec de longs crêpes flottants, apportèrent le café et les liqueurs.

— En vérité, mon cher ami, dit tout haut un jeune avocat, nommé M. de Bonnières, que l'amphitryon avait placé à sa droite, cela passe la plaisanterie : on va nous mettre aux Petites-Maisons, en sortant d'ici.

Il y avait des murmures et des cris désapprobateurs, dans la galerie haute, où ce spectacle lugubre trompait désagréablement l'attente des curieux.

Grimod de la Reynière ordonna de faire évacuer la galerie, mais il refusa obstinément de rendre la liberté aux vingt-deux victimes de son Gueuleton sépulcral.

On commençait à se fâcher contre lui et on allait quitter la table, de gré ou de force, quand les lumières s'éteignirent à la fois et la salle fut plongée dans une obscurité complète.

Alors un coup de tam-tam donna le signal des apparitions fantasmagoriques, qui se dessinèrent en traits de feu sur les murailles et sur le plafond, au cliquetis des chaînes de fer qu'on agitait, au son des porte-voix qu'on embouchait, au fracas du tonnerre qu'on imitait.

L'art de la fantasmagorie était encore peu connu à cette époque, où il faisait pourtant de merveilleux progrès, sans sortir des cabinets de physique. On l'employait presque exclusivement aux initiations de la franc-maçonnerie, à laquelle Grimod de la Reynière l'avait emprunté perfidement, pour soumettre à une épreuve décisive les cerveaux et les estomacs de ses convives.

La moitié d'entre eux, il faut l'avouer, n'avaient pas résisté à l'épreuve, et le souper menaçait de se terminer par une indigestion générale, lorsque la fantasmagorie laissa respirer son monde.

Les lumières reparurent comme par enchantement, mais il ne restait rien de la décoration funéraire qui formait tout à l'heure un contraste si pénible avec l'objet de la réunion épulatoire. Tentures noires, catafalques, devises et emblèmes de mort, tout s'était évanoui avec les ténèbres.

La salle du souper n'était plus qu'une admirable serre chaude, remplie de plantes rares et odoriférantes, avec des jets d'eau, des bassins peuplés de poissons rouges et des volières remplies d'oiseaux du Brésil.

A cet aspect réjouissant, la mauvaise humeur des convives n'eut pas le courage d'éclater. Mais, quoiqu'une troupe de bergers et de bergères, dans le style Watteau, distribuât des glaces et des sorbets, la plupart des invités demandèrent à se retirer.

Il était quatre heures du matin. La fête avait coûté plus de dix mille livres.

Le lendemain, Grimod de la Reynière distribua lui-même aux pauvres les reliefs du souper, devant la porte de l'hôtel du fermier-général.

Il avait fait dresser minutieusement le procès-verbal de cette étrange farce de carnaval. Il en présenta une copie à son père, en le priant de payer les frais, qu'il ne pouvait payer, lui, sur sa pension annuelle de quinze mille livres.

Le fermier-général lui demanda ce que signifiaient ces cérémonies funéraires mêlées aux joyeuses orgies d'un souper.

Grimod de la Reynière répondit qu'il avait donné ce souper en l'honneur de Mademoiselle Quinault, comédienne du Théâtre-Français, qui venait de mourir et qui était fort liée avec sa mère; il ajouta qu'il avait voulu faire honte aux héritiers collatéraux de cette actrice célèbre, lesquels n'avaient pas envoyé de billet d'enterrement à ses amis, et s'étaient bornés à la faire enterrer presque en cachette.

— La meilleure manière d'honorer les morts, dit-il, c'est de faire acte de bon vivant, en mémoire d'eux.

# IV

Le souper de l'hôtel de la Reynière fut l'entretien de tout Paris; on en racontait des particularités monstrueuses, qui ne reposaient pas même sur un fond de vraisemblance. Les gazettes recueillirent les échos confus de cette nuit de surprises et de mystifications, plus tristes que plaisantes.

Mouffle d'Angerville, qui rédigeait la suite des *Mémoires secrets* de Bachaumont, hésita quelque temps sur le récit qu'il adopterait.

« Jusqu'à présent, écrivait-il à la date du 7 février, on n'a remarqué que de la singularité dans la conduite de M. Grimod de la Reynière, mais il vient de se permettre une farce de carnaval, qui, par certains traits de méchanceté, le fait assimiler au marquis de Brunoy, qu'on s'imagine voir revivre en lui. »

Presque tous les convives du Gueuleton avaient été malades, les uns d'avoir trop bu et trop mangé, les autres d'avoir éprouvé des émotions trop vives; plusieurs, d'un esprit plus faible et plus timoré, eurent des hallucinations et des accès de délire. L'amphitryon était au comble de ses vœux : il occupait les cent voix de la Renommée et il devenait un personnage à la mode.

Il avait trop bien réussi dans cet essai de mystification gastronomico-philosophique, pour s'en tenir à son premier succès. Le public, d'ailleurs, qui avait recherché avidement les détails les plus insignifiants du souper des funérailles de Mademoiselle Quinault, s'était émerveillé surtout de certains mystères franc-maçonniques, que les convives eux-mêmes n'avaient pas remarqués.

Ainsi, la salle du festin était éclairée par trois cent trente-neuf bougies, divisées par groupes formant des problèmes astronomiques ; chacun des neuf services se composait de treize plats, correspondant aussi à des symboles de la science; les mets et les vins se présentaient par nombres impairs, qui pouvaient donner lieu à de prodigieux résultats mathématiques, etc.

Tout cela était très-obscur et très-ridicule ; mais Grimod de la Reynière, qui avait imaginé, peut-être après coup, ces allégories numérales, n'en passa pas moins pour un autre Cagliostro.

Il eut néanmoins le bon goût de ne pas renouveler son souper funéraire, comme l'espéraient beaucoup de ses amis, et il attendit au carnaval de l'année suivante, pour essayer d'une autre espèce de souper.

Jusque-là, ses déjeuners hebdomadaires continuèrent à rassembler une société choisie de poëtes et de littérateurs aimables.

« C'est à ce spirituel jeune homme, écrivait l'auteur de *Monsieur Nicolas* (t. XI, p. 3078), que je dois plusieurs parties infiniment agréables, quelques-unes très-extraordinaires, et l'agrément habituel de ses déjeuners, qui étaient des parties très-amusantes dans lesquelles je trouvais réunis les trois agréments d'une société particulière, d'une société de café bien composée, et d'un *muséon* rempli de jeunes gens d'un mérite distingué. »

Rétif de la Bretonne nomme ensuite quelques-uns des habitués de ces déjeuners qui eurent la vogue pendant deux ans, malgré les caprices et les malices excentriques de l'amphitryon.

C'était à qui obtiendrait une invitation pour les déjeuners de Grimod de la Reynière, quoique celui-ci fût souvent cruel à l'égard des convives que lui amenait une indiscrète curiosité.

Un jour, il envoya cette lettre d'invitation à une centaine de gentilshommes, de gentillâtres et de demi-nobles, qui avaient sollicité l'*honneur* de s'asseoir à sa table :

« Vous êtes prié d'assister, mardi prochain, au

déjeuner que M. Grimod de la Reynière, avocat, donnera, en l'hôtel de M. son père, aux représentants de la vraie noblesse française.

« On se réunira à midi.

« *P. S.* Vous êtes prié d'envoyer auparavant à l'ordonnateur du festin vos titres de roture dûment signés et scellés de vos armes.

« Il suffira de prouver, dans ces titres, que vous comptez parmi vos parents ou vos ancêtres un marchand, ou un avocat, ou un gratte-papier, ou un littérateur, ou un philosophe. Vous pourrez adresser, comme pièce à l'appui : l'aune ou les balances du marchand, le bonnet de l'avocat, le canif du gratte-papier, l'écritoire du littérateur, ou le brevet du philosophe, délivré par Voltaire, J.-J. Rousseau, d'Alembert, Diderot ou tout autre encyclopédiste. Le tout restera déposé dans les archives du Cabinet héraldique de la Roture. »

On comprend que cette invitation ne fut acceptée par aucun de ceux à qui elle s'adressait, et le succulent déjeuner préparé pour les représentants de la vraie noblesse n'eut pas d'autres convives que les amis ordinaires de l'amphitryon.

Un jour, il inventa un déjeuner d'économistes, et il adressa des invitations à tous ceux qui s'étaient occupés de la question des subsistances et du commerce des grains.

Quand les invités furent tous arrivés, il prit un air lugubre et solennel.

— Messieurs, leur dit-il, le déjeuner auquel je vous ai conviés a pour objet la dégustation de toutes les boissons fabriquées avec des grains et l'examen masticatoire de toutes les espèces de pains à différents degrés de cuisson.

Ce programme de déjeuner n'était pas fait pour égayer des économistes affamés. On passa tristement dans la salle à manger, et on y trouva, selon l'annonce du menu, des pains chauds et froids, fabriqués avec diverses sortes de farines, pains de seigle, d'orge, de maïs, de sarrasin, de pommes de terre, de topinambour, de marron, etc.

Quant aux boissons, c'étaient des bières de toutes qualités et des eaux-de-vie de grains.

Il fallut que chaque convive goûtât tous ces liquides fermentés et mangeât de tous ces pains. Grimod de la Reynière ne leur fit pas grâce d'un seul.

Puis, quand les estomacs furent remplis, saturés, fatigués, découragés, l'amphitryon changea de visage et de ton :

— Messieurs, dit-il en souriant, vous vous êtes conduits comme de braves économistes, et j'en rendrai bon témoignage au public. Maintenant, nous allons continuer la séance et traiter à fond la question des subsistances.

Il se leva de table et invita les convives à en faire autant. Il les mena dans une salle à manger où les attendait un repas délicieux ; mais personne ne fut capable d'y faire honneur, faute d'appétit.

Grimod de la Reynière, qui s'était seul réservé pour ce véritable déjeuner, but et mangea comme quatre, en répétant, la bouche pleine, que les économistes pouvaient passer pour des anachorètes.

Ceux-ci faisaient la plus triste figure, à la vue de tant de bonnes choses qu'ils ne touchèrent pas même du bout des dents.

Le second souper de carnaval, que donna Grimod de la Reynière, en février 1784, eut moins de retentissement que le premier. La curiosité publique était déjà blasée sur ce genre de fête gastronomique.

Cette fois, ce ne fut pas un festin de funérailles, mais un repas antique, très-exactement imité, à l'exception des épisodes licencieux qui caractérisaient les orgies romaines.

A cette époque, Grimod de la Reynière n'était plus amoureux ; sa maîtresse l'avait trompé, et il jurait haine aux femmes. Ce n'est qu'à regret qu'il en fit paraître quelques-unes dans son repas archéologique.

L'invitation était pour midi.

Les invités, au nombre de vingt-huit, avaient été pris dans la société intime de Grimod de la Reynière. Ils ne manquèrent pas à son appel.

On commença par une collation, composée de friandises qui n'avaient pour objet que d'aiguiser les appétits et de tenir l'estomac en disposition.

Ensuite, un physicien d'Italie, nommé Catanio, dans une séance fort intéressante, passa en revue tous les phénomènes de l'électricité et frappa de surprise son auditoire par des expériences nouvelles de galvanisme.

Après ces curieux effets de physique amusante et de magie blanche, il y eut un spectacle d'ombres chinoises vraiment admirables.

On ne se mit à table pour souper, qu'à huit heures du soir.

La salle du festin avait été décorée et meublée à l'antique, d'après les dessins d'un archéologue; la table, en forme de fer à cheval, était fort basse et ne se trouvait chargée d'aucun plat; on n'y voyait que le couvert de chaque convive, auquel on avait accordé pourtant la fourchette moderne, en dérogeant sur ce seul point à la couleur locale; des lits de table remplaçaient les siéges, et ce ne fut pas un petit embarras pour les convives, que de se coucher à la romaine, au lieu de s'asseoir à la française.

Le souper se composait de vingt-huit services, chacun d'un seul plat gigantesque, porté cérémonialement autour de la table.

Le porte-plat était précédé de deux flûteurs, d'un maître de cérémonies armé d'une lance, de plusieurs jeunes garçons imberbes en tunique de laine blanche et de plusieurs jeunes filles, également habillées de blanc, avec les cheveux épars sur les épaules. Derrière le porte-plat marchait l'écuyer tranchant.

Celui-ci ne remplissait son office, qu'après avoir fait trois fois le tour de la table avec son cortége.

Tout le monde fut émerveillé du coup d'œil, et chaque service provoqua des applaudissements et des cris d'admiration.

Les convives ne tardèrent point à s'apercevoir qu'ils n'avaient pas de serviettes, mais lorsqu'ils en demandèrent, des filles, brunes et blondes pour figurer le jour et la nuit, « vêtues d'un fourreau couleur de chair et chaussées de brodequins, » raconte un témoin oculaire, vinrent offrir leurs cheveux parfumés, en guise de serviette, aux mains grasses des convives.

Cet essuie-mains, d'une nouvelle espèce, causa plus d'une distraction à ceux qui en usèrent à l'envi les uns des autres.

La salle était éclairée par trois cent soixante-cinq bougies, en l'honneur des trois cent soixante-cinq jours de l'année; mais on avait trop à boire et à manger, pour être longtemps préoccupé de cet éclairage astronomique.

Le maître de la maison ne se permit cette fois aucune mystification désagréable à l'égard de ses invités, et son souper, qui dura jusqu'à cinq heures du matin, finit encore trop tôt au gré de la joyeuse assemblée.

« Par cette répétition, dit Rétif de la Bretonne, qui nous a conservé quelques traits de ce souper dans ses mémoires intitulés *Monsieur Nicolas*, le jeune la Reynière détruisit toutes les fables qui avaient déshonoré le premier souper; les mets furent délicats et variés; le dessert était magnifique et destiné au pillage. Tout se passa dans la plus grande décence... »

## V

Ce fut la révolution de 1789 qui renversa la marmite de Grimod de la Reynière.

Il dut se repentir d'avoir appelé de tous ses vœux cette Révolution, en unissant ses efforts, pour détruire, à ceux de la secte philosophique. Il avait tout à perdre; il perdit la plus grande partie de sa fortune.

Quatre ans avant la déchéance de la royauté, un ordre du roi l'avait exilé de Paris, à cause de la publication d'un mémoire d'avocat, rédigé par lui, pour son ami Duchosal, contre le poëte Fariau de Saint-Ange.

Ce mémoire, très-mordant et très-hardi, en effet, n'était, dit-on, qu'un prétexte qui servait à cacher les motifs graves de son exil.

Grimod de la Reynière, suivant le bruit qui courut alors, se serait cruellement vengé d'une femme qui l'avait offensé, et l'odieuse mystification que cette vengeance lui avait inspirée aurait pu le conduire devant les tribunaux, si sa famille et ses amis ne se fussent employés en sa faveur. L'ancien ministre Lamoignon de Malesherbes, dont il était le neveu, eut besoin de tout son crédit pour arrêter les poursuites judiciaires.

Grimod de la Reynière, exilé de Paris depuis 1786 jusqu'en 1791, y fut bientôt oublié, et l'on doit croire qu'il cherchait aussi à se faire oublier, car, pendant ces années de retraite, il ne donna signe de vie littéraire qu'en faisant imprimer à Paris un recueil, dédié à l'Académie de Lyon, sous ce titre : *Peu de chose : idées sur Molière, Racine, Crébillon, Piron,* etc. (1788). Ce recueil de critique théâtrale prouvait que l'auteur devenait sérieux ou bien avait la prétention de le devenir.

On peut en conclure que Grimod de la Reynière ne s'était pas posé en mystificateur, à son arrivée dans la ville de Lyon.

Il y vivait sans doute très-retiré, s'occupant toujours de littérature et de philosophie, et il correspondait souvent avec ses anciens convives de Paris. On est certain qu'il n'avait pas renoncé au démon de la bonne chère, ni à ses pompes, ni à ses œuvres.

Il ne prit pas la moindre part à la Révolution et il se tint éloigné de Paris pendant la Terreur.

Grâce à sa prudente abstention, il eut le bonheur de ne pas être recherché et guillotiné, comme fils d'un fermier-général.

Il se garda bien de mystifier personne, pendant cette époque de représailles sanglantes et de mesures acerbes.

Il avait, d'ailleurs, abjuré la philosophie et ses doctrines subversives; il se repentait d'avoir hurlé avec les philosophes de l'école de Jean-Jacques; il se sentait cruellement mystifié lui-même par les événements politiques : il fit le mort.

Mais, quand l'orgie républicaine, gorgée de sang, se fut assoupie au milieu des débris de son festin de cannibales, il crut pouvoir sans danger reparaître à Paris, et il y reprit ses habitudes de journaliste, de nouvelliste, de frondeur et d'original.

Il eut le regret de ne pouvoir recommencer à faire parler de lui, en tenant table ouverte comme autrefois; ses déjeuners littéraires furent moins nombreux, moins fréquents et moins courus.

Ils étaient cependant aussi bons, sous le rapport de la cuisine et de la cave. Si Grimod de la Reynière n'était plus riche, s'il tournait à l'avarice, il restait gastronome, il devenait gourmand.

On le voyait tous les jours sous les arcades du Palais-Royal, tous les soirs au foyer des théâtres ou dans les coulisses : il pérorait, il discutait, il frondait, il mordait. *Le Censeur dramatique*

(4 vol. in-8°, publiés en 1797 et 1798) et *l'Alambic littéraire ou Analyse raisonnée d'un grand nombre d'ouvrages* (1803, 2 vol. in-8°) furent le délassement de son esprit caustique.

A cette époque, il avait fini par s'accoutumer à la difformité de ses mains : il n'en gardait plus même rancune à la mémoire de ses père et mère ; il était, il est vrai, toujours ganté, mais il ne se faisait plus prier pour montrer ses moignons à quiconque les voulait voir, et il s'amusait souvent de l'horreur, de l'effroi et de l'étonnement, qu'il inspirait par l'exhibition de ces affreux égarements de la Nature.

Tous les matins, on le voyait, vêtu de sa longue houppelande à larges manches, son chapeau à grands bords rabattu sur les yeux, descendre aux Halles, un panier à chaque bras, pour faire sa provision. Il revenait chargé de victuailles, austère et recueilli comme un grand-prêtre qui marche à l'autel du sacrifice. Il méditait une nouvelle sauce, il cherchait dans son imagination une invention de ragoût, il préparait en idée le menu de son dîner.

La gastronomie absorba bientôt toutes ses facultés. Ce fut sa passion dominante, comme la philosophie l'avait été dans un autre temps. Il ne vécut désormais que pour manger.

Le ventre est un dieu qu'on n'adore pas gratis. Les ressources financières d'un fermier-général auraient à peine suffi aux prodigalités gastronomiques de Grimod de la Reynière.

Il comprit qu'il se ruinerait bientôt, en consacrant deux ou trois cents francs par jour à sa table. La nécessité lui fit inventer la plus étrange mystification, qui avait pour but de le faire bien vivre au meilleur marché possible.

Il annonça la création d'un Jury dégustateur, qui devait soumettre à son examen impartial les produits les plus succulents de l'industrie alimentaire. Ce Jury, composé de notabilités gourmandes qu'on ne désignait pas par leur nom, devait se réunir toutes les semaines, dans une séance de table où il prononcerait ses arrêts.

Grimod de la Reynière s'était nommé, de sa pleine puissance, secrétaire perpétuel de cette académie gourmande, et il promettait de publier tous les ans le résultat des décisions de ladite académie.

De toutes parts, les marchands de comestibles se piquèrent de gagner la cause de leurs marchandises, au tribunal infaillible de la gastronomie; ils envoyèrent à Grimod de la Reynière les meilleurs vins de leur cave, les meilleurs produits de leur magasin.

C'était une procession de bouteilles cachetées, de caisses et de boîtes ficelées, de beaux poissons, de beaux gibiers, de belles volailles, allant implorer les suffrages du Jury dégustateur.

Ce Jury n'avait jamais existé que dans la personne de Grimod de la Reynière, qui tenait séance tous les jours à trois ou quatre repas et qui jugeait, sur échantillon, en premier et en dernier ressort.

Sans cesse on sonnait à sa porte pour apporter un pâté, une bourriche, un faisan truffé, etc. Pendant que le Jury incarné trônait dans la salle à manger, la pièce de conviction était remise à ce dégustateur éternel, qui promettait de rendre un jugement dans la huitaine, jugement prononcé de vive voix ou formulé par écrit, suivant la valeur de l'objet.

Voici la réponse que rapportait souvent le domestique chargé de recevoir les épices des plaideurs :

« Le Jury vous prie, à l'avenir, de sonner moins fort, et de parler moins haut, car vous avez troublé la séance, où l'estomac qui digère, le palais qui déguste, l'odorat qui analyse, ont besoin d'un recueillement religieux. »

Les arrêts du Jury dégustateur furent mis au jour, sous ce titre : *Almanach des gourmands, ou*

*Calendrier nutritif, servant de guide dans les moyens de faire excellente chère; suivi de l'itinéraire d'un gourmand dans différents quartiers de Paris et de quelques variétés nouvelles, apéritives et alimentaires, anecdotes gourmandes,* etc., par un vieil amateur.

Le premier volume, in-18, parut en 1803, et fut réimprimé plusieurs fois. Le monde gastronomique était sous le charme, et le Jury dégustateur reçut dix fois plus de provisions que Grimod de la Reynière ne pouvait en consommer. On assure qu'il était obligé d'en revendre une partie.

On le sut, on le devina, on le soupçonna, ce qui refroidit singulièrement la générosité des marchands.

Grimod de la Reynière poursuivait bravement les opérations du Jury dégustateur et la publication annuelle de son Almanach. Les dons en nature avaient prodigieusement diminué en 1812, lorsqu'on découvrit que le Jury dégustateur ne se composait que d'une seule bouche et d'un seul estomac.

Cette découverte eut lieu, par suite de l'indiscrétion d'un cuisinier, qui, s'obstinant à comparaître en personne devant le jury pour répondre à quelques critiques, força la porte de la salle à manger et se trouva en présence de Grimod de la

Reynière, qui fonctionnait seul devant une table servie pour douze convives.

Il y eut des plaintes, des plaisanteries, des menaces : le Jury dégustateur ne pouvait plus exister; l'*Almanach des gourmands* cessa de paraître.

# VI

Grimod de la Reynière était malade des excès de table qu'il avait été forcé de faire pour suppléer à l'absence du Jury dégustateur. Son médecin l'avait mis à la diète. Il résolut de quitter Paris et de se retirer à la campagne comme le rat dans son fromage, pour y gémir sur les ruines de son estomac.

Il ne pouvait plus être gastronome qu'en théorie. Il disparut donc de la scène gastronomique et il alla s'enfermer dans une jolie maison des champs, qu'il possédait à quelques lieues de la capitale, sur la route d'Arpajon.

La solitude ranima chez lui le génie de la Mystification ; il se proposa donc d'exercer encore ce génie sournois, qui avait fait ses plaisirs de jeunesse, sur les rares visiteurs qu'il recevait dans son ermitage.

A cette intention, il fit exécuter, dans la maison et dans les jardins, des travaux considérables, destinés à créer à ses hôtes des surprises de tous genres, parfois assez peu hospitalières.

Il fit surtout des dépenses énormes en conduites d'eaux jaillissantes; il les promena dans tous les coins de son parc et à tous les étages de la maison.

A chaque pas, un jet d'eau, oblique ou perpendiculaire, intermittent ou continu, s'élançait de terre ou de la muraille, à la pression d'un ressort caché; en certains endroits, c'étaient des cascades, des nappes d'eau, que les tuyaux souterrains faisaient bondir à travers le gazon; ailleurs, le jet partait du plafond et arrivait directement sur un lit où l'on ménageait ainsi au dormeur un réveil peu réjouissant.

Il était impossible de faire un pas, sans rencontrer un de ces jets qui n'avaient été préparés que pour inonder les gens à l'improviste et pour leur causer des émotions aussi désagréables qu'imprévues.

Aussi, quelle joie c'était pour le maître de la maison, que de conduire galamment une belle dame dans les jardins ou de lui faire visiter la maison! La pauvre femme poussait des cris de terreur et faisait piteuse mine, en se sentant mouillée de la tête aux pieds.

Elle n'en était jamais quitte pour une douche, et elle avait à subir, tout habillée, deux ou trois bains complets.

Ce n'est pas tout : Grimod de la Reynière avait

renouvelé le lit de Procuste; les lits réservés aux malheureux qu'il retenait à coucher chez lui, étaient trop courts pour les plus petites tailles, car, à l'aide d'une mécanique, ils diminuaient de longueur et de largeur, dès que la victime était couchée. Dieu sait les nuits terribles qu'on passait sur ces chevalets de tortures, sans se rendre compte de la métamorphose qui s'opérait dans l'économie de la couchette!

Les inventions diaboliques ne s'arrêtaient pas là.

Les matelas étaient remplis de chardons et d'épines qui déchiraient le patient, à chaque mouvement qu'il essayait de faire pour chercher une position moins douloureuse. Grimod de la Reynière avait eu soin de semer, dans les draps, du crin coupé menu, ou des rognures de plumes, ou des grains de sable, ou d'autres ingrédients qui ne permettaient pas au voyageur le plus fatigué de dormir tranquillement pendant une heure.

Les chambres d'amis n'offraient pas moins de trappes, de *feintes,* de bascules et de changements à vue, que le théâtre le mieux machiné pour représenter des pièces à spectacle.

Ces chambres avaient, à première vue, une physionomie honnête et campagnarde, avec leur papier de tenture à fleurs ou à rosaces, leur mobilier en bois de noyer, leur carreau rouge bien ciré et leur cheminée nue surmontée d'une pendule d'albâtre.

Mais, aussitôt que les hôtes du logis en avaient pris possession, quand chacun était renfermé dans le local qu'on lui avait assigné d'avance, Grimod de la Reynière, aussi sérieux, aussi actif qu'un machiniste en chef de l'Opéra, commençait à manœuvrer ses ficelles.

Ici, les plus effrayantes apparitions de la fantasmagorie : des spectres, des squelettes, des monstres de toutes les formes, se dessinaient en feu sur les lambris; là, les plus étonnants phénomènes de l'électricité ; des secousses et des commotions foudroyantes : l'éclair, le tonnerre, le vent, toute une tempête dans une chambre; ailleurs, des portraits qui tirent la langue, qui étendent les bras et qui roulent des yeux de flamme; quelquefois, les chaises et les fauteuils qui marchent en s'entre-choquant, les tables qui se mettent à sauter sur deux pieds, les tiroirs de la commode qui s'ouvrent avec fracas, le lit qui monte au plancher ou qui descend à la cave.

Ces visions, ces cauchemars, ces angoisses et ces surprises duraient parfois jusqu'au jour, et Grimod de la Reynière, qui ne dormait pas, comme si le génie du mal le tenait constamment éveillé, jouissait méchamment de l'insomnie douloureuse de ses hôtes, qu'il ne recevait jamais deux fois chez lui, car ceux-ci s'empressaient de partir, sans lui dire adieu, dès que le jour les délivrait de ses persécutions nocturnes.

Grimod de la Reynière se vit bientôt abandonné de toutes les personnes qu'il avait connues ; on eût dit qu'il avait plaisir à les chasser les unes après les autres, en expérimentant sur elles ses infernales mystifications.

Ses dernières années se passèrent dans l'isolement le plus complet, et quand il mourut à l'âge de quatre-vingts ans, en 1838, il s'amusait encore à mystifier son jardinier, ses domestiques, sa cuisinière, et le bon curé, qui l'enterra.

# LES
# DÉJEUNERS DES MYSTIFICATEURS
## DU PALAIS-ROYAL

# LES
# DÉJEUNERS DES MYSTIFICATEURS
## DU PALAIS-ROYAL

## I

Le déjeuner, non pas celui qui se compose d'une tasse de café au lait, de chocolat ou de thé, mais le déjeuner confortable et réconfortant, celui qui fait un grand étalage de viandes froides, de pâtés, d'huîtres et de vins recherchés, ce déjeuner-là porte sa date historique, plus certaine que celle de l'invention des Lunettes ou de l'Imprimerie.

Le déjeuner à la fourchette, pour lui donner son nom véritable, est postérieur à la chute de Robespierre, car sous le régime de la Terreur on ne mangeait guère, et à coup sûr on ne déjeunait pas.

Il faut donc placer, historiquement parlant, la

fondation du célèbre Déjeuner des Mystificateurs, après le 9 thermidor de l'an III de la République française une et indivisible, c'est-à-dire après le 27 juillet de l'année des *Ci-devants*, 1795.

Certes, le moment était bien choisi pour inventer le déjeuner, et, qui plus est, le Déjeuner des Mystificateurs.

On avait besoin de se remettre des émotions désolantes de la tyrannie révolutionnaire; on voulait s'assurer par soi-même qu'on vivait encore, qu'on avait bien sa tête sur les épaules, et qu'on n'avait pas même perdu l'appétit.

Ce n'est pas tout : les prisons s'ouvraient; les amis, longtemps séparés, se réunissaient, se retrouvaient avec joie; on était impatient de se revoir, on ne se lassait pas d'être ensemble : on avait tant de choses à se dire! on avait à se raconter tant de douloureuses, tant d'effrayantes aventures!

On déjeuna donc, tout naturellement.

Le déjeuner était créé alors, mais il devait prendre successivement des proportions gigantesques, grâce au plaisir qu'on éprouve à rester à table avec de joyeux convives et de bons amis.

D'abord, on passa une heure, la fourchette ou le verre à la main, en causant, en discutant, en plaisantant, en riant.

Bientôt, une heure ne suffisant plus à la réfection du corps et de l'esprit, on consacra deux heures à la grande affaire du déjeuner, et plus tard, sous le Directoire, cette affaire-là exigea trois heures et davantage.

Les mystificateurs, qui avaient *fleuri* au bon temps de Louis XV, n'étaient pas tous morts, quoiqu'ils eussent partagé le sort de la noblesse, sous l'aile de laquelle ils naquirent, pour la plus grande gloire du petit Poinsinet.

Ces pauvres mystificateurs n'avaient point osé se produire sous les auspices du Tribunal révolutionnaire, car le Comité de Salut public n'entendait pas trop la plaisanterie.

Ils sortirent de leur cachette et de leur silence, dès que ce ne fut plus un crime de rire et de faire rire, en France, aux dépens des sots et de leurs sottises.

Les mystificateurs de l'ancien régime, il est vrai, avaient la plupart un âge très-respectable, à cette époque où les jeunes gens s'étaient délivrés de la servitude des coiffures poudrées. Ces vieux mystificateurs furent les premiers qui portèrent la perruque blonde bouclée, et cette mystification-là eut un succès universel : on ne voyait que perruques blondes sur des fronts ridés.

C'est que les mystificateurs ne voulaient pas vieillir, peut-être ne le savaient-ils pas.

Ils se mêlèrent à la jeunesse pour faire des prosélytes et des élèves; ils créèrent ainsi une nouvelle école, une secte nouvelle de mystificateurs pleins d'ardeur, de verve et d'imaginative, qui tenaient leurs assises en déjeunant au Palais-Royal, chez le fameux restaurateur Méo.

On devine que Grimod de la Reynière devait être là où l'on déjeunait, là où l'on mystifiait.

Il fut, par droit de naissance, le chef de cette espèce de franc-maçonnerie mystificatrice et déjeunatoire. Mais il s'était fait vieux et triste, en traversant incognito la Révolution, grâce à son exil volontaire en province, où il avait changé de nom et de vie.

Aussi, son talent de mystificateur n'était-il plus à la hauteur de son ancienne réputation, bien qu'il puisse revendiquer pour son compte quelques-unes des plus étranges mystifications qui aient occupé, sinon diverti, l'esprit public, aux approches du Directoire.

Nous y reviendrons, non pas au Directoire, mais aux mystifications joco-lugubres, qu'il faut nommer « les derniers soupirs de la gaieté de Grimod de la Reynière. »

Le Déjeuner des Mystificateurs ayant été fondé par cet illustre roi des gourmands, il le présidait avec une incontestable autorité; il parlait peu, mais il donnait à l'assemblée une leçon permanente de mastication transcendantale, en mangeant et buvant *con amore*.

On doit dire aussi qu'il se chargeait de composer les menus et de diriger le service des repas ; et ce n'étaient plus de ces mystifications excentriques qui avaient rendu naguère ses déjeuners si célèbres, lorsque son père était fermier-général et qu'il s'intitulait, lui, l'Avocat des gueux.

Les Déjeuners des Mystificateurs étaient le *nec plus ultra* de la gastronomie savante et délicate : ils furent le prototype des Dîners du Vaudeville.

Nous ne connaissons malheureusement pas tous les convives ordinaires de ces Déjeuners, et nous sommes tentés de croire qu'ils gardaient volontiers l'anonyme, de peur de représailles, pour le cas où le but de l'institution aurait été dévoilé à la vindicte des mystifiés.

On peut seulement indiquer quelques noms, parmi ceux des fondateurs :

Anne-Gédéon Laffitte, marquis de Pellepore, qui, avant 1789, vivait à Londres en philosophe cynique, du produit de ses pamphlets écrits et publiés *à cent lieues de la Bastille* : esprit sceptique, frondeur et parfois enragé ;

Alphonse Martainville, auteur de pièces de

théâtre très-gaies et de journaux royalistes;

Mayeur de Saint-Paul, comédien, folliculaire, espion;

Armand Charlemagne, jeune poëte connu par ses poésies légères et badines;

Choudard Desforges, romancier et auteur dramatique, qui a mis en scène une de ses plus plaisantes mystifications, dans sa comédie : *le Sourd ou l'Auberge pleine;*

Un abominable homme, dont il nous répugne de prononcer le nom, le marquis de Sade, qui menait alors une existence *vertueuse*, comme il ne cessait de le répéter, en faisant imprimer et réimprimer ses horribles livres qu'on vendait publiquement chez les libraires du Palais-Égalité;

Le chansonnier Piis, qui devint plus tard un haut personnage du ministère de la police, et qui se permit, en cette qualité, certaines mystifications impertinentes à l'égard de ses administrés;

Félix Nogaret, qui ne s'était pas encore baptisé l'*Aristenète français*, quoiqu'il eût fait beaucoup de prose et de vers érotiques;

Et enfin le chevalier de la Morandière.

Ce dernier est le seul dont nous dirons quelques mots, parce que les Biographies ne l'ont pas jugé digne d'une notice.

C'était un gentilhomme de l'Orléanais, grand

faiseur de projets et de plans de réformes politiques, religieux, administratifs et moraux.

Il avait publié, dans sa jeunesse, quelques ouvrages anonymes qui piquèrent la curiosité des économistes et qui méritèrent d'être critiqués par Voltaire. Le plus singulier et le moins oublié est intitulé : *Police sur les mendiants, les vagabonds, les joueurs de profession, les intrigants, les filles prostituées, les domestiques hors de maison depuis longtemps et les gens sans aveu.*

Ce curieux volume, qui parut en 1764, n'était au fond qu'une plaisanterie couverte d'un vernis philosophique ; mais on prit au sérieux l'auteur et son livre, dans les Académies de province, et celle de Soissons s'empressa de s'attacher, en qualité de membre associé, messire Turmeau de la Morandière, écuyer, déjà membre de la Société royale d'agriculture de la généralité d'Orléans.

Celui-ci, satisfait de son succès, haussa le ton, et fit paraître presque aussitôt un nouveau volume sur un sujet plus grave, avec ce titre : *Principes politiques sur le rappel des protestants en France.*

Il n'y avait pas matière à rire, sans doute, dans un pareil livre, et cependant l'auteur, qui avait l'humeur narquoise, se donna le plaisir de se moquer d'une foule de gens, en les louant avec une exagération sardonique.

On peut juger de ses intentions, d'après cette note autographe qu'on lit en tête d'un exemplaire de son ouvrage, offert à un ses amis :

« Les éloges pompeux que j'ai faits de quelques-uns de nos demi-dieux, dans ce traité et dans les autres ouvrages politiques que j'ai fait imprimer, comme dans les matières secrètes sur lesquelles ils m'ont consulté, ne doivent pas être pris pour de basses adulations. Ce sont, au contraire, pour la plupart, des contre-vérités ou des censures mesurées, pour rappeler à la vertu et au travail ceux qui s'en sont écartés. Je suppose souvent aux gens en place des vues bienfaisantes et des talents qu'ils n'ont pas; c'est quelquefois le vrai moyen de les engager à les acquérir.

« Fasse le ciel que ce remède honnête opère sur eux et sur leurs successeurs l'effet salutaire que j'en attends, comme citoyen, pour le bonheur de la France, comme pour la gloire du roi et pour la leur. — 1er novembre 1764. »

Cette note nous donne la clef, pour ainsi dire, du caractère de Turmeau de la Morandière, qui était rempli de bon sens et de malice, mais qui n'osait pas ouvertement s'attaquer aux ridicules qu'il eût été bien aise de voir flagellés en public.

Il avait donc en lui le génie inné de la Mystification, mais il était aussi timide que Martainville, son collègue, était audacieux et intrépide.

Il n'avait pas non plus l'acharnement impitoyable du marquis de Pellepore contre les gens à mystifier, ni la froide cruauté du marquis de Sade envers les mystifiés.

Il craignait aussi pour sa propre tranquillité, et ne se souciait pas de se faire des ennemis déclarés : semblable à un trompette qui sonne la charge et qui se tient à l'écart sans tirer l'épée, il se contentait ordinairement d'inventer, de proposer des mystifications à faire, et de les laisser ensuite à la discrétion de ses confrères, qui, plus jeunes, plus actifs, plus adroits que lui, avisaient aux moyens de mettre en œuvre l'idée du *bonhomme*, comme ils l'avaient qualifié, suivant sa théorie des contre-vérités.

Nous ignorons absolument quelle était l'organisation secrète de la Société des Mystificateurs, et nous ne pouvons que faire des conjectures assez vagues sur une association de table qui n'a pas même tenu à constater son existence en rédigeant ses statuts.

Tout ce que nous en savons n'est pas emprunté à des documents écrits, mais seulement aux révélations d'un des plus anciens membres de cette Société épicurienne et gauloise.

Il est probable que le déjeuner fut la cause plutôt

que la conséquence d'une réunion de gens d'esprit et de mauvais plaisants, qui s'adonnèrent, par goût, par habitude et par désœuvrement, au grand art de la Mystification, où chaque convive s'efforça de se surpasser en surpassant son voisin.

De cette concurrence, de cette émulation, sortirent, sans doute, plus de lourdes et plates méchancetés, que de traits ingénieux et de railleries spirituelles.

En l'absence des statuts écrits de cette bizarre Société qui subsistait encore à la fin de la Restauration, après avoir subi une métamorphose complète, nous devons rassembler et coordonner les renseignements authentiques, mais très-insuffisants, que nous a fournis autrefois notre vieil ami Lefebure, le plus capricieux inventeur de systèmes, qui se soit jamais passionné pour le jeu d'échecs, la loterie, la musique, la peinture et surtout la botanique. C'est dans les souvenirs de cet aimable et jovial octogénaire que nous puiserons tous les faits qui servent à composer le chapitre le moins connu de l'histoire de la Mystification.

Le nombre des membres de l'association était illimité, mais il ne paraît pas s'être élevé à plus de trente, à cause de la difficulté de trouver des candidats capables de devenir bons mystificateurs.

Souvent aussi le néophyte que la curiosité ou

quelque circonstance particulière avait introduit dans le sanctuaire du déjeuner, reculait ou échouait devant les épreuves qu'il était condamné à traverser, avant d'être élu membre actif ou honoraire de la Société.

Dans d'autres cas, par des motifs qui pouvaient varier à l'infini, le nouveau mystificateur renonçait après sa réception, aux droits et qualités qu'il venait d'acquérir, à ses risques et périls; il ne reparaissait plus dans les déjeuners où il avait conquis sa place, et il restait entièrement étranger aux actes qui émanaient directement de ces réunions.

Il est vrai que, dans diverses occasions, les épreuves auxquelles était soumis le récipiendaire ne pouvaient que lui causer du dégoût et de l'aversion à l'égard de ses futurs collègues, qui ne respectaient pas toujours assez la dignité humaine.

La Mystification allait parfois au delà des bornes, et celui qui en était victime gardait alors au fond du cœur un ressentiment qui l'empêchait de voir jamais des confrères et des amis dans ses bourreaux ou dans leurs complices. Le mystifié d'aujourd'hui ne se souciait plus d'être le mystificateur de demain.

Voici quelques-unes des mystifications par lesquelles on inaugura l'admission de certains candidats, qu'on voulait décourager peut-être et qui affrontèrent bravement ces épreuves pénibles.

## II

Un jour, on amena un jeune Américain, très-naïf et très-exalté, qui était venu en Europe pour se faire initier aux mystères de la franc-maçonnerie, et qui cherchait à connaître par lui-même l'organisation et le but de toutes les sociétés secrètes.

Il ne soupçonnait donc pas quel était l'objet de la Société des Mystificateurs, et néanmoins il éprouvait un vif désir d'en faire partie, car il croyait et on lui avait laissé croire que cette Société correspondait avec les Illuminés d'Allemagne.

Le mot était donné à tous les assistants qui devaient jouer un rôle dans cette comédie.

Le déjeuner, ce jour-là, offrait un luxe inusité de cervelas, d'andouilles, de jambons, de galantines, de pâtés et de viandes froides ; mais pas un seul ragoût, pas un seul plat chaud, ni salades, ni crèmes, ni gelées, ni dessert. On eût dit un étalage de boutique de charcutier.

L'Américain fut introduit dans le lieu du festin par un des convives qui lui servait de parrain.

Il s'étonna de n'y trouver aucun préparatif d'initiation, aucun emblème, aucun signe de société secrète.

Deux grandes fenêtres, ayant vue sur le jardin du Palais-Royal, où se pressait une foule bigarrée d'agioteurs, d'étrangers, d'*incroyables*, et de femmes perdues, éclairaient la salle, dans laquelle se trouvaient réunies une vingtaine de personnes en habits de ville.

On prit place autour de la table, et l'Américain s'assit comme les autres, mais ouvrant les yeux et les oreilles plutôt que la bouche, car il avait moins d'appétit que de curiosité.

—Frères, dit le président de l'assemblée en affectant de prendre un air et un accent solennels, nous continuerons aujourd'hui nos expériences gastronomiques sur l'application de l'usage de l'homme à la nourriture de l'homme. Nous associerons à ces expériences un jeune Indépendant, que nous envoient les États-Unis d'Amérique, pour déguster notre cuisine et s'initier à nos travaux de haute philanthropie.

L'Américain ne sourcilla pas; il s'arma de sa fourchette et se mit en devoir de participer aux expériences qu'on lui annonçait.

On lui présenta une tranche de jambon, qu'il fit disparaître en quelques bouchées.

— Ce jambon, dit un des assistants, appartient à une tendre vierge qui devait bientôt passer sous le joug de l'hymen. Il est exquis, et on y reconnaît les belles qualités de son auteur.

L'Américain tendit son assiette, pour y recevoir une seconde tranche de ce jambon virginal, tranche qu'il avala aussi bravement que la première.

On lui offrit du saucisson, qu'il accepta sans hésiter.

— Ce saucisson a été fait avec la chair d'un vieillard, lui dit-on gravement : il pourrait être plus dur et plus coriace, eu égard à l'âge avancé du sujet, qui était le modèle de toutes les vertus.

L'Américain répondit par un signe de tête approbatif et ne repoussa pas un morceau de veau froid, qu'on fit passer sur son assiette.

Il mangeait en silence, avec calme et réflexion.

— Que vous semble, dit le président s'adressant à tous les convives, que vous semble de cette daube dans laquelle on a fait entrer un jeune enfant de la plus belle espérance?

— Parfait! excellent! divin! s'écrièrent en chœur les assistants.

— Je m'élèverai de toutes mes forces contre la consommation des enfants, reprit un coryphée de la mystification; je ne nierai pas sans doute la délicatesse et même la friandise de ce manger, mais je conseillerai plutôt d'attendre que l'enfant soit devenu homme, avant de le mettre en daube.

L'Américain ne bronchait pas; il acceptait de bon cœur et dévorait à belles dents tout ce qu'on lui offrait.

— Voici une andouille, dit un convive, que nous goûterons soigneusement à titre d'essai; elle a été fabriquée aux dépens d'un mort, qui déjà ne sentait pas bon, quand on lui a fait l'honneur de l'employer à nourrir les vivants. Hein! n'est-ce pas une grande et pieuse pensée que de forcer les morts à nous être utiles, et, s'il se peut, agréables?

— Le jour est venu, reprit un autre, où les morts n'auront plus d'autre cimetière que l'estomac des vivants!

— C'est à coup sûr un heureux retour aux lois naturelles, ajouta un troisième, que de faire servir la chair de morts à l'alimentation de l'humanité.

— Hélas! répliqua quelqu'un avec un sérieux imperturbable, quand M. de Robespierre donnait de la besogne à la guillotine, on avait de la chair fraîche tous les jours.

— Comprend-on, dit un nouvel interlocuteur, que les imbéciles qui faisaient couper tant de têtes n'aient trouvé rien de mieux à faire des corps que d'en tanner la peau à la Tannerie nationale du Bas-Meudon ?

— Et, cette peau une fois tannée, demanda un voisin, qu'en faisait-on ?

— Tout ce qu'on peut faire de la peau de mouton : des courroies, des souliers, des culottes, etc. Mais, quant à la chair, on la portait à la fosse commune de Clamart...

— Ne parlons pas de ce temps néfaste, où l'on ignorait la valeur de la chair humaine au point de vue de la subsistance du peuple. Plaignons les barbares qui ne savaient pas la véritable destination de l'homme après sa mort ! Comme si la Nature avait créé le premier des animaux, pour qu'on en fît seulement des courroies, des souliers et des culottes !

—Aussi, le peuple des faubourgs se souleva-t-il pour aller incendier cette Tannerie de peau humaine que Robespierre avait établie au Bas-Meudon !

—Silence, frères ! interrompit le président, vous dérogez à nos statuts, qui nous défendent d'avoir un entretien étranger à l'objet de nos séances. Nous vous invitons maintenant à faire honneur aux pâtés, qui sont fabriqués de diverses chairs hachées et de différentes graisses humaines.

L'Américain, pendant cette horrible discussion,

n'avait pas donné un coup de dent de moins aux larges portions qu'on lui réservait dans le partage des victuailles : son appétit, au lieu de s'émousser, paraissait s'aiguiser, au contraire, à ces récits d'anthropophages.

— Noble enfant de l'Amérique indépendante, lui demanda le président, vous sollicitez l'honneur d'être reçu membre de notre association?

— Oui! répondit l'Américain, qui, la bouche pleine, s'apprêtait à retourner au pâté.

— Vous reconnaissez et déclarez que la chair humaine est le plus sain, le plus succulent, le plus précieux des aliments que la Nature a préparés pour l'homme?

— Ce n'est pas la première fois que j'en mange, répliqua l'Américain avec son flegme impassible.

Tous les convives tressaillirent et fixèrent des regards ébahis sur cet anthropophage émérite.

— J'en ai mangé trois fois, continua-t-il, avant le repas que vous me faites faire ici, et je déclare, sur ma parole, que je ne l'avais pas trouvée aussi bonne qu'aujourd'hui.

— Vous avez mangé trois fois de la chair humaine dans votre vie? objecta le président, ému de cet aveu, qui était fait avec trop de candeur et de simplicité, pour qu'on pût y voir une plaisanterie.

— Oui, Monsieur, trois fois, sans compter le déjeuner que j'ai fait aujourd'hui avec vous. La première fois, ce fut chez les Indiens des Montagnes Rocheuses. J'étais tombé, en chassant le bison, au milieu d'une tribu d'Osages, avec un Français qui m'accompagnait dans cette chasse intéressante, mais périlleuse. Les sauvages assommèrent d'un coup de massue mon compagnon d'infortune, lequel dut la préférence à son bel état d'embonpoint; quant à moi, j'étais si maigre, par bonheur, que je ne promettais pas un trop bon repas à mes cannibales : ils me conservèrent donc pour être mangé le dernier. Ils se régalèrent, en attendant, de mon pauvre camarade, et ils eurent la délicatesse de m'en garder un morceau, que je refusai avec horreur; mais, au bout de quatre jours de jeûne, la faim me força de recourir à cette abominable nourriture, et j'avoue, à ma honte, que je la trouvai très-supportable.

On ne mangeait plus autour du narrateur; on écoutait avec des signes visibles d'émotion et de dégoût.

L'Américain seul semblait indifférent à ces souvenirs odieux, qui n'avaient pas la moindre action sur son estomac.

— Mais comment ne vous mangea-t-on pas à votre tour? demanda un des auditeurs.

— Il ne s'en fallut que de quelques minutes. Je n'avais pas eu le temps d'engraisser, lorsque mes Osages jugèrent le moment opportun pour me mettre à la broche; ce fut ce qui me sauva. S'ils avaient eu l'idée de me dépecer en morceaux, comme l'ami que je pleurais en me repaissant de sa chair, ils m'auraient assommé de même que lui; mais, pendant qu'ils se disposaient à m'embrocher très-consciencieusement, j'eus la chance d'être délivré par une troupe de pionniers qui parcouraient les bois pour choisir l'emplacement d'un village. J'avais vécu dix jours, aux dépens du malheureux Français, qui fut mangé jusqu'aux os avec un furieux appétit.

Les convives se regardaient entre eux et faisaient la grimace.

— Et vous dites avoir mangé depuis de la chair humaine? dit à demi-voix un des convives interdits.

— Sans doute, et, cette fois, le plus naturellement du monde, repartit froidement l'Américain. Dans un naufrage où le navire qui me portait avait sombré sous mes yeux, je me trouvai, moi sixième, sur une espèce de radeau sans voiles, sans gouvernail et sans rames, à cinq cents lieues des terres. Nous n'avions pour toute provision qu'une caisse de biscuit et un petit tonneau de vin. Nous restâmes en pleine mer pendant quarante-neuf jours. Vous comprenez que le biscuit et le vin étaient épuisés longtemps auparavant. On supporta la faim et la soif avec courage, jusqu'à ce que l'un de nous, exalté par le désespoir, se fut ouvert les veines avec son couteau ; le sang jaillit, et...

Une exclamation d'horreur suspendit un instant le récit de l'Américain, qui devenait plus flegmatique à mesure que ses compagnons de table devenaient plus troublés.

— Je fis comme les autres, continua-t-il tranquillement, car la soif est un supplice encore plus intolérable que la faim. Nous étions, comme des sangsues, acharnés à épuiser les veines du misérable, qui n'avait plus une goutte de sang quand nous l'abandonnâmes. Le cadavre gisait à côté de nous ; on ne le jeta point à la mer, et le lendemain la faim l'emporta sur tout autre sentiment : on se partagea les lambeaux du mort, hideusement dépecé avec nos couteaux. Nous fûmes rassasiés, et, il faut bien l'avouer, sans avoir éprouvé la moindre répugnance, sans ressentir le moindre remords. Cet affreux repas m'avait trouvé, il est vrai, tout préparé de longue main à y faire honneur.

Les assistants étaient encore attentifs, mais ils

se faisaient violence pour dissimuler leur impression de dégoût et de gêne; ils auraient voulu échapper aux atroces images qui les obsédaient.

— Ainsi, vous avez mangé un des six naufragés qui étaient avec vous sur le radeau? dit un questionneur inflexible.

— Nous en avons mangé trois, reprit l'Américain, et nous nous serions entre-mangés de la sorte jusqu'au dernier, si un vaisseau qui nous rencontra, le cinquantième jour de notre naufrage, ne nous avait recueillis à moitié morts de soif, quoique nous eussions le ventre plein. Du reste, nous n'avions pas de reproches à nous faire : on avait tiré au sort deux fois, pour désigner celui de nous qui serait mangé, et le tirage s'était fait très-loyalement à la courte paille...

— Mais, interrompit le questionneur, qui ne se laissait pas fermer la bouche par les gestes et les regards de ses voisins, vous avez mangé de la chair humaine pendant plus de quarante jours? Passe encore si elle eût été cuite! Ces quarante jours-là ne vous pèsent-ils pas sur la conscience?

— Assurément non : il vaut mieux manger son prochain, que d'être mangé par lui. C'est malgré moi, et par la seule force des choses que j'ai été réduit à cette triste nourriture. Mais il n'en est pas de même de la troisième fois, où j'ai eu le malheur d'être anthropophage. Oh! pour cette fois-là, bien qu'il n'eût pas été en mon pouvoir de me soustraire à un arrêt de la fatalité, je me reprocherais presque d'avoir englouti dans mes entrailles cet horrible aliment. C'était le cœur de mon plus grand ennemi!

Tous les assistants, saisis de terreur, s'écrièrent à la fois.

Les uns restaient immobiles et glacés; les autres se levaient dans un trouble et une agitation inexprimables.

L'Américain se leva aussi, mais pour aller prendre tranquillement son chapeau, accroché dans un coin de la salle.

— Charles IX a dit que le cadavre d'un ennemi sent toujours bon, objecta un philosophe.

— Je suis forcé d'avouer, reprit l'Américain, que je ne soupçonnais pas, en mangeant ce cœur-là, que mon ennemi faisait les honneurs du festin.

— C'est l'histoire de Gabrielle de Vergy, dit plaisamment le marquis de Sade. Je pourrais bien vous conter une histoire plus récente et moins chevaleresque...

—Vous ne sortirez pas d'ici, au moins, sans avoir achevé votre histoire? interrompit un des convives en arrêtant l'Américain qui se retirait.

— A quelle sauce mange-t-on les cœurs, dans votre pays? ajouta un des mystificateurs.

— Est-ce cru ou cuit? dit un autre.

— Citoyens! répliqua l'Américain en les toisant d'un air de défi et en cherchant réponse à son regard provocateur : dans mon pays, les affaires d'honneur entraînent la mort de l'un ou de l'autre adversaire, sinon la mort de tous les deux. J'avais une affaire d'honneur, ou plutôt j'étais enfin assez heureux pour me rencontrer, l'épée à la main, avec l'homme que je haïssais le plus. Le combat fut terrible et dura une heure entière, pendant laquelle nous nous lardâmes de vingt-cinq ou trente coups, dont un seul devait être mortel. Nous tombâmes dans une mare de sang, à laquelle nous avions contribué presque également, et nous nous séparâmes, quand on nous emporta criblés de blessures et à demi morts, en nous promettant de recommencer bientôt la partie. Je restai deux ou trois semaines dans les mains des chirurgiens, ne sachant pas si je guérirais. J'entrais à peine en convalescence, lorsqu'on m'envoya de Philadelphie un magnifique pâté. La vue de ce pâté me remit le cœur au ventre, et, sans tenir compte des prescriptions médicales, je voulus le goûter sur-le-champ. Je le goûtai de telle sorte que j'en dévorai la moitié sans désemparer. Cette prouesse était au-dessus de mes forces, et je faillis ne pas digérer ce pâté. qui n'était pas, il est vrai, un pâté ordinaire. Je serais mort d'indigestion, si l'on ne m'avait fait lire une lettre ainsi conçue, en guise de billet de faire part : « Feu mon mari, que vous avez tué en duel, a ordonné que son cœur, après sa mort, vous fût offert sous la forme d'un pâté, afin de pouvoir expérimenter si la haine qui gonflait ce cœur, de son vivant, aurait encore la force d'agir comme toxique et de venger le défunt. » Cette lettre me sauva, en me prêtant l'énergie nécessaire pour triompher encore une fois de la vengeance posthume de mon ennemi.

Et, après ce récit, il posa fièrement son chapeau sur sa tête, promena autour de lui un regard menaçant et s'en alla, d'un pas lent et grave, sans saluer personne, en sifflant un air de gavotte.

## III

La Société des Mystificateurs, on le voit, ne réussissait pas toujours dans les mystifications qui faisaient partie du menu de ses déjeuners.

Il suffisait d'un seul convive défiant et malin pour mettre en échec la tactique de tous les autres. On n'était jamais certain du succès d'une plaisanterie qui parfois tournait mal contre ses propres auteurs.

La meilleure pâte de mystifié ne se laissait pas pétrir avec la même facilité dans toutes les circonstances où l'on croyait pouvoir en disposer pour l'amusement de la compagnie.

Ainsi, le bonhomme Restif de la Bretonne, comme on l'appelait dans un monde où il servait souvent de plastron aux mystificateurs, ne fut pas la dupe d'une mystification analogue à celle dont l'Américain anthropophage était sorti à son honneur.

Restif fut invité au Déjeuner, par Grimod de la Reynière, qu'il avait connu avant la Révolution et qui le retrouva, un jour, après le 9 thermidor, dans le jardin du Palais-Égalité.

Restif était bien changé depuis dix ans; il avait vieilli au moral non moins qu'au physique : les chagrins, les maladies et la misère surtout s'étaient attaqués à cette nature énergique et puissante, qui résistait encore en s'affaiblissant tous les jours.

Restif composait alors ses mémoires sous le titre de : *Monsieur Nicolas ou le Cœur humain dévoilé.*

Il avait l'abord rude et sauvage, l'extérieur inculte et bizarre; il portait son chapeau plat à larges bords et sa fameuse redingote de drap bleu, avec laquelle il avait vécu en plein air, bravant les intempéries des saisons, pendant qu'il recueillait dans la rue les matériaux de ses *Nuits de Paris.*

Il n'accepta pas sans difficulté une invitation qui devait le placer en présence de nouveaux visages; mais Grimod le tenait et ne le lâchait pas.

De plus, le pauvre *contemporaniste,* ainsi qu'il se qualifiait lui-même avec orgueil, à cause des 42 volumes de son recueil des *Contemporaines,* n'avait mangé qu'un petit pain depuis la veille.

L'espoir d'un bon déjeuner alléchait sa sauvagerie, et d'ailleurs son estomac, délabré par des jeûnes forcés, se souvenait d'avoir fait jadis bonne chère chez Grimod de la Reynière.

Celui-ci avait annoncé à Restif qu'il se trouverait à table avec des gens de lettres et des journalistes : la vanité colossale de Restif avait là une belle occasion de se déployer et de grandir encore.

Il entra majestueusement, la tête haute et l'air superbe, dans le salon où les mystificateurs attendaient que le déjeuner fût servi; il ne regarda personne et n'ôta pas même son chapeau.

Il se promenait en long et en large, les bras croisés derrière le dos, les pans crottés de sa redingote flottant sur ses talons.

Grimod de la Reynière le nomma tout haut à plusieurs reprises, en glissant à l'oreille de chacun le mot de la comédie qui allait se jouer au bénéfice de tous les assistants.

Restif, qui entendait son nom prononcé à la ronde, sentait se gonfler son orgueil, et se réjouissait d'être à lui seul un objet de curiosité, d'admiration et de surprise pour tout le monde.

On passa dans la salle à manger, et Restif fut assis à la place d'honneur, en face du président. Il fit trêve d'abord à ses préoccupations littéraires, pour ne s'occuper que de sa réfection corporelle. Il avait beaucoup à réparer, à la suite de tant de cruelles privations qu'il supportait courageusement sans se plaindre. Il donna donc carrière à son fougueux appétit, et, pendant la première demi-heure, il n'ouvrit la bouche que pour avaler, à grand bruit de mâchoires.

Grimod de la Reynière eut l'humanité de faire respecter chez son étrange convive les jouissances silencieuses de la faim qui se rassasie.

On n'adressa pas la parole à ce convive famélique tant qu'il n'eut pas donné pleine satisfaction à ses entrailles vides, et on évita même de s'occuper de lui, ce qui produisit un effet contraire à celui qu'on voulait obtenir.

Car l'orgueilleux romancier, mécontent de se voir oublié ou du moins négligé, au lieu d'être le point de mire de tous les regards et le sujet unique de l'entretien général, devint soucieux par degrés, s'indigna tout bas de cette indifférence, détacha ses yeux de son assiette pour les porter sournoisement sur ses voisins, gronda entre ses dents et ne mangea plus.

— Que vous semble de notre cuisine? lui demanda Grimod de la Reynière, qui s'était chargé de diriger la mystification.

— Je la trouve exquise et je la blâme, répondit brutalement Restif de la Bretonne; elle n'est pas républicaine, elle est aristocrate et royaliste.

— Elle est athénienne, du siècle de Périclès, reprit Grimod, mais non spartiate, du temps de Léonidas.

— L'homme doit manger pour vivre et non vivre pour manger. Au reste, vous êtes né cuisinier, de même que je suis né romancier, et il faut vous peindre une broche à la main, pour que votre portrait soit ressemblant.

— Ah! cher contemporaniste, vous excellez à faire des portraits ! Mais vous n'avez pas compris l'objet de notre association : il est digne de votre génie, et je vous offre, au nom de ces Messieurs, de vous initier aux mystères de la Société des Pantophages.

— Pantophages! répéta Restif, qui savait un peu de grec et qui ne restait jamais à court dans la fabrication d'un néologisme plus ou moins étrange. C'est cela, continua-t-il en prêtant à ce mot nouveau le sens qui concordait le mieux avec sa pensée. Vous êtes des mangeurs de tout bien, des sangsues du peuple, des sauterelles dévorantes, des chancres, des harpies; vous vous engraissez de la substance de vos semblables; vous dilapidez dans chacune de vos orgies le pain qui ferait vivre deux cents familles pendant une année; vous ruinez la nation et vous sucez la moelle de ses os...

— Il ne s'agit pas, mon cher, de trancher du Jérémie, interrompit Grimod de la Reynière. Votre juvénale tombe ici à faux, car, loin de manger le peuple, nous cherchons les moyens de le nourrir, et voici comment : votre grave esprit sera certainement frappé du système que nous avons imaginé, et que nous soumettons, entre nous, à des expériences consciencieuses et honnêtes.

Restif, reconnaissant, à ce préambule, qu'il avait fait fausse route dans sa sortie contre les aristocrates gourmands, avait la bouche clouée et baissait les yeux sur son assiette.

Pour prendre contenance et dissimuler son embarras, il tira d'une poche de sa redingote un énorme paquet d'épreuves d'imprimerie, noircies de ratures et de corrections : il se mit à les feuilleter, en sifflant une vieille ariette d'opéra-comique.

— Nous sommes des pantophages, continua solennellement Grimod, parce que nous mangeons tout ce qui ne se mange pas d'ordinaire. L'insuffisance, la pénurie des denrées alimentaires qui sont en usage, ne s'est jamais fait sentir plus cruellement en France, et surtout à Paris, que depuis le commencement de la Révolution...

— Ce sont les accapareurs, s'écria Restif avec sa fougue bourguignonne, ce sont les faiseurs de pacte de famine, ce sont les Berthier et les Foulon, ce sont les agents de Pitt et Cobourg !

— Dieu merci ! nous avons trouvé un procédé grâce auquel personne ne mourra de faim. Il ne fallait que créer tout un nouvel ordre d'aliments abondants, sains et peu coûteux. C'est à vous, illustre philosophographe, de nous apprendre si nous avons réussi. Que dites-vous, par exemple, de ce coulis aux bisques d'écrevisses?

— Ma foi! reprit Restif en hésitant, je ne me rappelle pas bien... Mais je crois que la chose devait être bonne, puisque je ne l'ai pas laissée sur mon assiette.

— Eh bien! devinez ce que c'était?

— Ne l'avez-vous pas nommé vous-même un coulis aux bisques d'écrevisses?

— C'est là le nom de ce ragoût; mais ces bisques d'écrevisses n'étaient que des pattes de lézard.

— Oui-da! repartit Restif en fronçant le sourcil, je suis bien aise de le savoir.

— Et ces filets d'oiseaux de rivière à la rocambole vous ont-ils paru délicats?

— Ils l'étaient, sans doute, puisque vous les jugez tels, mais je n'entends rien à la cuisine.

—Ces oiseaux de rivière n'étaient pourtant pas des canards ou des sarcelles.

— Qu'était-ce donc? demanda Restif en clignant de l'œil avec malice.

— Des chauves-souris, mon cher noctambule. Et ces perdrix à l'espagnole?

— Des hiboux, peut-être? Je leur fais mon bien

sincère compliment et je les glorifie de s'être changés en perdrix avec tant de finesse. Les cuisiniers sont de grands magiciens.

— Avez-vous reconnu dans ce pâté de lièvre la succulence de la chair d'ânon?

— Je ne me pique pas d'être connaisseur en ces sortes de choses. Quant à cette blanquette de volaille...

— Rien de plus innocent : des pattes de grenouilles mélangées avec des pattes de crapaud.

— A merveille! voilà qui peut s'appeler un hommage rendu à l'égalité des animaux devant la loi de la goinfrerie. N'avez-vous pas inventé autre chose?

— Ces filets de bœuf sont des filets de cheval; ces escalopes de lapereaux proviennent de différentes espèces de chiens; ce civet de lapin est fait avec du chat...

— Bien! Nous ne mangeons pas d'autre civet, nous pauvres gens qui fréquentons les gargottes!

— Patience! vous n'avez vu que la moitié de nos richesses. Ces foies gras en matelotte sont empruntés, ne vous déplaise, à des rats pris dans les égouts, qui leur fournissent une très-bonne nourriture; ce gâteau de lièvre a été fabriqué avec de la chair de putois. Vous allez maintenant goûter à ces ris de veau...

— Je n'avalerai pas une bouchée de plus, interrompit d'un ton bourru Restif de la Bretonne, qui déployait ses paperasses en se levant de table. Je vois avec plaisir, messires les pantophages, que vous êtes de braves utopistes en cuisine et que le dégoût n'arrête pas vos vaillantes entreprises. *Hoc est philosophiæ principium.* Je vous approuve fort de manger tout ce que vous offre le règne animal, depuis l'éléphant jusqu'aux puces; c'est le fait d'estomacs robustes, sans préjugés et sans petitesse.

— Ne voulez-vous pas nous dire votre avis sur cette compote de fourmis à la sauce piquante?

— Je ne mange jamais au delà de ma faim, et je suis rassasié. Continuez donc votre œuvre pantophagique et ne reculez devant aucune bête vivante, excepté toutefois devant le singe, qui est notre père à tous, le véritable Adam de la création.

Les assistants s'entre-regardaient, non sans échanger des signes d'intelligence qui avaient pour objet de mettre fin à une mystification que Restif renvoyait à ses auteurs.

— Ne pensez pas, dit-il en ricanant, me prendre au dépourvu. Il y a plus de quarante ans que j'avais décrit le déjeuner auquel vous m'invitez aujourd'hui. Écoutez ce passage de mes Mémoires que j'imprime à la maison et qui renferme un homme tout entier, c'est-à-dire la vie de M. Nicolas (c'est moi qu'on nomme ainsi dans les quatre parties du monde). Pour vous remercier de votre aimable accueil, je vous conseille de souscrire à cet ouvrage singulier, utile et même indispensable, moyennant dix louis par exemplaire...

— Dix louis! répliqua Grimod de la Reynière, qui les tira de sa poche. Voici ma souscription.

— Soit! repartit Restif, qui prit vivement les pièces d'or qu'on faisait briller à ses yeux, et qui les fit disparaître dans une des cachettes de son antique redingote bleue.

— Lisez, lisez! crièrent quelques convives. Nous souscrirons aussi à votre *Monsieur Nicolas*...

— Je n'admets pas tout le monde à souscrire, dit brusquement Restif; je me suis réservé de choisir mes souscripteurs. Mais je ne vous priverai pas du plaisir de connaître le passage qui vous concerne : il est à la page 1639 de mon livre. Écoutez, maîtres pantophages!

Et il commença la lecture avec une voix éclatante qu'il accompagnait de gestes majestueux et de grimaces tragi-comiques.

Voici ce qu'il lut sur les épreuves corrigées de son ouvrage :

« Le 13 avril 1755, nous fûmes, Loiseau, Gaudet et moi, d'un déjeuner dont les mets étaient singuliers : c'étaient une langue de loup, du renard en civet, du chat à la daube, de la fouine à la broche, et de jeunes hiboux en fricassée de poulet. Nous mangeâmes peu, Loiseau et moi, au lieu que Gonet, Chambon l'horloger, Calais le maître de danse, etc., paraissaient insatiables. Les chiens refusèrent de manger de la langue de loup, qui me paraissait fort bonne. C'était une bravade que faisait Chambon, mais dont nous n'avions pas le secret, ni moi, ni Loiseau.

« Il vint au milieu du déjeuner cinq ou six personnes, contre lesquelles la gageure était faite, entre autres Chavigny le traiteur, père de Sophie; More, fils d'un suisse de M. de Caylus, qui était entré dans l'épicerie, et quelques autres. Ils nous demandèrent si les mets étaient bons. « Excellents, » dit Loiseau. Et ces messieurs dévorèrent les plats. « Et savez-vous ce que c'est? me dit Chavigny. — Mais c'est de la langue... » J'allais ajouter : « de mouton de Troyes, » comme on me l'avait dit, lorsque Chambon se mit à hurler. Je le compris et je dis : « De la langue de loup. » Puis, les yeux fixés sur Chambon, qui me montra une queue de renard, j'ajoutai : « du civet de renard..., de la « daube de chat..., de la fouine en rôti... et des « chats-huants en fricassée de poulet. » Chambon, sot garçon pour le reste, contrefaisait admirablement les cris de tous les animaux ; il me mettait au fait. Ces mets n'avaient rien de répugnant pour moi : nous mangions à Sacy les renards que tuait mon père, après les avoir exposés à la gelée, dans le jardin. J'avais vu mettre chez nous des fouines en pâté : on les trouva excellentes et on les prit pour du lapin. Quant aux chats, c'étaient des animaux trop précieux dans la maison paternelle pour qu'on les tuât : ils y étaient sacrés, comme en Egypte, parce qu'ils chassaient tous les reptiles nuisibles, jusqu'aux serpents, qu'ils détruisaient. J'avais mangé du louveteau, de l'ânon, du chevreau, du loir, du rat, des souris, ces trois animaux rôtis dans des feuilles de vigne, le ventre rempli de beurre frais; mais ce n'était pas à la table de mon père; c'était avec Jaquot Guevreau et avec les deux Courtcou, bergers. Ce fut ce que je dis aux gageurs, qui me parurent consternés.

« Ce déjeuner fit presque autant de bruit dans la ville d'Auxerre, que le fameux souper de M. de la Reynière fils (un peu moins singulier peut-être) n'en a fait l'an passé, quinze jours avant qu'il fît paraître ses *Réflexions philosophiques sur le plaisir.* »

La lecture de ce fragment des Mémoires de l'auteur avait un tel à-propos, que tous les assistants, et particulièrement Grimod de la Reynière, se trouvèrent interdits et confus.

Restif de la Bretonne était déjà hors de la salle, qu'ils n'avaient pas encore repris contenance.

— Mes amis, dit le président de la Société, nous aurons bientôt notre revanche en nous attaquant à la vanité de cet original, et je vous promets de vous donner à rire à ses dépens.

Restif, en effet, avait été souvent mystifié, et le plus aisément du monde, quand on avait mis en jeu son orgueil indomptable qui le rendait passible des flatteries les plus exagérées et les plus grossières.

Mais, aussi, toutes les fois que cet orgueil ne troublait pas sa raison et n'obscurcissait pas son intelligence, il était fin, malicieux, narquois, et très-capable de mystifier à son tour ceux qui venaient de le faire tomber dans le piége, en s'amusant de la naïve crédulité de son amour-propre d'auteur, sans qu'il s'en aperçût, sans qu'il voulût même s'en apercevoir.

Nous rapporterons ailleurs quelques-unes des mystifications qu'il avait imaginées et qu'il exécuta lui-même avec beaucoup d'adresse, comme pour se dédommager de celles qu'on lui faisait subir en tirant parti de la trop avantageuse opinion qu'il avait de son mérite personnel.

## IV

Peu de jours après le déjeuner des Pantophages, Restif, qui marchait lentement sous les galeries du Palais-Égalité en lisant les épreuves de *Monsieur Nicolas* qu'il corrigeait au crayon, se heurta contre Grimod de la Reynière, qui l'avait vu venir de loin et qui s'était porté aussitôt à sa rencontre.

— Holà! le malotru! cria Restif, sans interrompre sa lecture ni sa marche. Est-ce que les étoiles filantes ont l'audace de gêner le passage du soleil?

— Ah! c'est vous, mon cher tribun? dit Grimod de la Reynière, qui l'aborda et ne put l'arrêter, quoiqu'il l'eût saisi par le bras.

— Je ne vous connais pas ou plutôt je ne veux pas vous connaître aujourd'hui, messire pantophage. Allez, allez manger des queues de rats et des pattes de grenouilles!

— Pour Dieu! arrêtez-vous un moment, diable d'homme! Ne voyez-vous pas que vous tournez le dos à l'Institut national?

— Qu'est-ce à dire? reprit vivement Restif, qui releva la tête et jeta un coup d'œil d'aigle blessé sur Grimod de la Reynière. Qu'y a-t-il de commun entre l'Institut et moi?

— Quoi! vous perdez votre temps à corriger des épreuves d'imprimerie, tandis que la voix publique vous nomme le premier parmi les candidats indispensables du nouvel Institut!

— S'il ne fallait que des titres! murmura le vieux romancier, avec un soupir.

— Eh! que faut-il de plus? N'avez-vous pas composé plus de 128 volumes?...

— Cent soixante et dix, dont quelques-uns ont été réimprimés plusieurs fois; oui, mon cher amphitryon, ce cerveau a conçu et créé 170 volumes, contenant plus de mille histoires ou nouvelles. Quel est l'auteur qui pourrait offrir un pareil trophée littéraire à l'Institut national?

— Voilà pourquoi vous devez être élu membre de la Classe de littérature et des beaux-arts!

— Je devrais également faire partie de la Classe des sciences morales et politiques : vous avez lu mon *Pornographe*, ma *Mimographe*, mon *Anthropographe*, mes *Gynographes*, mon *Thesmographe*?

— Je les ai lus et relus, je les sais par cœur, et j'attends avec impatience votre *Glossographe*...

— La France n'est pas digne de posséder ce merveilleux ouvrage, s'écria Restif avec un dédain superbe. Il ne verra jamais le jour, et j'ordonnerai, en mourant, qu'on l'enterre avec moi.

— A quoi bon, puisque vous ressusciterez dans un des mondes du soleil ou de la lune? répliqua Grimod, qui était initié à la cosmologie de l'auteur de la *Découverte australe*.

— Mais je ne suis pas encore mort, dit tristement Restif, et vous verrez qu'on oubliera mon nom dans la formation de l'Institut national.

— Il faut faire des démarches, il faut vous recommander, il faut vous pousser...

— Arrière, tentateur ! interrompit Restif, en s'éloignant. Si l'Institut a besoin de moi, qu'il vienne me chercher !...

Et il se redressa de toute sa hauteur, enfonçant son chapeau sur sa tête et secouant les basques de sa redingote bleue, dont les coutures blanchies et la trame usée reluisaient au soleil.

Le soir même, Restif, qui logeait alors dans la maison de la veuve Duchesne, libraire, rue Saint-Jacques, *au Temple du Goût*, trouva une lettre parfumée, qu'on avait apportée pour lui dans la journée.

Cette lettre était ainsi conçue :

« Une femme sensible et vertueuse, qui a fait

ses délices des immortels ouvrages que vous avez composés, citoyen auteur, en l'honneur du sexe faible et charmant auquel j'appartiens, vous supplie de vous présenter à l'Institut national, comme candidat de la littérature contemporaine.

« Zoé *au petit pied*. »

Restif de la Bretonne ne dormit pas de la nuit.

Il rêvait, tout éveillé, à l'Institut, et dès que le jour commença enfin à paraître, il se mit à relire la lettre de Zoé *au petit pied*.

Ce surnom était bien fait pour lui tourner la tête, car il n'aimait rien tant au monde que les petits pieds et les jolies chaussures de femmes.

L'Institut national avait été créé, en effet, par la Constitution de l'an III (22 août 1795), et son organisation était définitivement fixée par une loi en date du 3 brumaire an IV (25 octobre 1795).

Suivant les termes de cette loi, l'Institut devait être organisé pour perfectionner les sciences et les arts et pour suivre les travaux scientifiques et littéraires qui ont pour objet l'utilité et la gloire de la République.

Plusieurs savants, artistes et littérateurs, étaient déjà désignés par le Directoire, à l'effet de former les listes des premiers membres de cette nouvelle Académie, divisée en trois Classes.

Restif se rappela que Sébastien Mercier, l'auteur du célèbre *Tableau de Paris*, ne pouvait manquer d'être consulté dans le choix des candidats académiques.

Il avait connu et fréquenté Mercier dans les commencements de la Révolution; mais une divergence radicale d'opinion et de conduite politiques n'avait pas tardé à les séparer et à les désunir.

Restif était devenu, par l'exagération naturelle de son caractère et par la violence de ses passions, un fougueux, un terrible démocrate, tandis que Mercier était resté simplement républicain sceptique et modéré.

Les deux amis, les deux rivaux littéraires, ne se voyaient plus et même évitaient de se voir.

Ce fut une lettre de Mercier que la veuve Duchesne remit à Restif, au moment où il entra dans la boutique, pour y lire le journal qu'on lui prêtait tous les matins.

Voici la lettre :

« Illustre père du *Paysan perverti*, j'ai été délégué, avec trois autres hommes de lettres, par le Directoire, pour choisir seize savants, artistes ou écrivains, qui formeront le noyau de l'Institut national. Je vous ai mis sur ma liste. Ne me désavouerez-vous pas?

« Votre vieux maître, M... »

— Je le trouve plaisant de se qualifier ainsi! grommela Restif : je n'ai pas eu d'autres maîtres, Dieu merci! que la Nature et mon cœur. Ce pauvre Mercier s'en fait toujours accroire!

Il eut plus d'une distraction, en lisant le journal, car l'Institut lui revenait sans cesse à l'esprit, et il se demandait tout bas s'il pouvait descendre de son piédestal littéraire pour se mettre au niveau des écrivains subalternes qui rampaient dans l'arène académique.

Une nouvelle lettre, qui arrivait par la poste, n'eut pas une médiocre influence sur ses projets.

En voici la substance :

« Illustre peintre des *Contemporaines*, au moment où l'Institut s'apprête à vous ouvrir ses portes à deux battants, je crois vous être agréable en vous adressant la traduction d'un éloge délicat qu'une gazette allemande de Nuremberg vous accorde dans son dernier numéro : « M. Restif, ce génie
« vraiment extraordinaire, cette apparition inconce-
« vable dans le siècle où nous vivons, sera certaine-
« ment nommé secrétaire perpétuel de l'Institut de
« France. Jamais écrivain n'a possédé plus d'ima-
« gination, plus d'originalité, un style plus à soi,
« une manière plus neuve et plus attachante. On
« reconnaît l'esprit et le cœur de l'auteur des *Con-
« temporaines*, dans chaque page qui sort de sa

« plume. Ce cœur qui brûle de l'amour sacré du
« bien public, cet esprit qui connaît les travers de
« sa nation, le jeu des passions et le labyrinthe de
« notre constitution morale, devrait faire l'étude
« et l'admiration de tous nos jeunes romanciers.
« S'il savait l'allemand, il faudrait lui envoyer une
« ambassade, pour le prier d'accepter le titre de
« membre correspondant de l'Almanach de Gotha.

« Voilà bien le plus beau témoignage d'estime que puisse vous offrir la patrie de Witikind.

« Agréez mes très-humbles et très-respectueuses félicitations.

« JEAN BALLON,

« Professeur de grammaire à Berlin. »

Restif n'eut pas même le soupçon que cette lettre, datée de Berlin, et venue par la petite poste de Paris, pouvait bien n'être qu'une plaisanterie; il la communiqua mystérieusement à la veuve Duchesne, qui n'essaya pas de l'éclairer, dans la crainte d'essuyer de sa part une rebuffade.

Il se disposait à sortir, lorsqu'un cabriolet s'arrêta devant la boutique.

Grimod de la Reynière en descendit, et se jeta dans les bras du romancier avec de grandes démonstrations de joie.

— Vous êtes nommé! lui dit-il avec pétulance.

L'Institut a compris qu'il n'existerait pas, sans vous.

— Je suis nommé? répéta Restif, qui ne s'étonnait pas et ne manifestait aucune émotion.

— Oui, vous êtes nommé, ou plutôt vous allez l'être; j'ai vu Barras, Lakanal et d'autres puissants manipulateurs de l'Institut; je n'ai fait que prononcer votre nom, et aussitôt les sympathies que vous inspirez à tous les véritables hommes de goût ont éclaté de telle sorte que vous eussiez été élu par acclamation, si nous n'étions pas au grand jour des votes. Vous serez nommé, avec nos amis Piis, Desforges, Félix Nogaret, Charlemagne, de Sade...

— De Sade! s'écria Restif avec l'indignation la plus solennelle. Si cet exécrable auteur de la *Théorie du libertinage* était élu avec moi, je donnerais sur-le-champ ma démission!

— Il faudra donc empêcher qu'il soit élu; mais il faut faire, en même temps, que vous le soyez. Je vous invite à déjeuner, demain, avec vos confrères de l'Institut.

— A quoi bon déjeuner? répondit Restif, qui ne songeait plus à son estomac, dès que son esprit avait un aliment à triturer. Nous avons tant de choses à nous dire, que ce serait perdre notre temps, si nous nous amusions aux bagatelles de la fourchette. Pas de déjeuner, mais une assemblée secrète...

— J'en suis bien fâché, mon cher académicien : le déjeuner est commandé. D'ailleurs, on parle mieux à table, et nous boirons à la santé des orateurs. A demain, dix heures du matin, au Palais-Égalité.

Restif promit d'être exact au rendez-vous et d'apporter quelques échantillons inédits de sa prose et de ses vers, pour en faire la lecture au dessert.

Il se rendit seul, sur le quai de l'Ecole, au café Robert, où se rassemblaient beaucoup de gens de lettres, de journalistes et d'auteurs dramatiques.

Le poëte Lesuire vint au-devant de lui en souriant, et lui tendit la main avec cordialité.

— Je suis bien aise de voir que vous n'êtes pas mort, comme on le disait ici hier ! s'écria-t-il.

— Il y a des hommes qui ne meurent jamais, riposta brusquement le romancier. Qui est-ce qui s'avise de me faire mourir, sans ma permission ?

— C'est Mercier, qui soutenait que vous étiez mort depuis deux ans, assassiné par votre gendre...

— Mercier ? Il m'a écrit ce matin la lettre que voici et qui ne s'adresse pas à un mort, ce me semble !

Lesuire prit la lettre et la parcourut des yeux, sans mot dire ; il haussa les épaules et rendit le papier, dans lequel il n'avait reconnu ni le style ni l'écriture de Mercier.

— Vous êtes envieux, Monsieur le poëte! dit amèrement Restif de la Bretonne. Il est vrai que la poésie, sans la philosophie, est une pauvre chose qui reste à la porte de l'Institut.

— Mon cher, répondit froidement Lesuire, le jour où vous entrerez à l'Institut, nous verrons sans doute vos contemporaines vous faire cortége et vous porter en triomphe.

— Monsieur le poëte, répliqua Restif en lui tournant le dos, quand je serai membre de l'Institut, national, je vous offrirai mon appui pour vous faire admettre à Bicêtre ou à Charenton.

Grimod de la Reynière avait confié à son ami Charlemagne une partie des machines de la mystification à laquelle Restif se prêtait de si bonne grâce.

Charlemagne ne manqua pas de se rendre au café Robert et de donner le mot à tous les gens de lettres qui s'y trouvaient.

Il vint lui-même, avec plusieurs de ses complices, féliciter le futur académicien, lequel avait demandé une carafe d'eau, et s'était mis en embuscade dans un angle de la salle, pour attendre Mercier et le saisir au passage.

Restif regardait sans cesse du côté de la rue, en corrigeant ses épreuves.

— Ah ! Monsieur Restif, lui dit Charlemagne en se prosternant presque devant lui; quelle gloire pour la France ! quel bonheur pour les lettres ! Vous êtes désigné comme devant faire partie de l'Institut.

—Seulement, reprit un autre que Restif n'avait jamais vu et qui était un candidat réel de l'Institut, on est embarrassé sur le choix de la Classe à laquelle l'illustre romancier appartiendra.

— Aussi, a-t-il été question de le nommer dans chacune des trois Classes à la fois, ajouta un troisième que Restif connaissait et dont il serra la main avec effusion.

— Mon cher Millin, lui dit-il d'un air et d'un ton protecteurs, je penserai à vous pour la Classe des sciences physiques et mathématiques. Mais apprenez-moi, s'il vous plaît, les noms de ces Messieurs, qui sont de mes amis sans que je le sache?

— Voici M. Selis, traducteur de Perse, répondit Millin en présentant celui qui avait parlé le second. Il a des chances pour être votre collègue dans la Classe de littérature.

— Hem ! murmura Restif, quel malheur que les jésuites Tarteron et Sanadon, traducteurs d'Horace, ne soient plus de ce monde ! Ils seraient probablement aussi de l'Institut.

— Le bruit court, interrompit Charlemagne, qui ne put s'empêcher de rire de l'épigramme, que vous allez publier bientôt un nouveau chef-d'œuvre, auprès duquel l'*Émile* et les *Confessions* de Rousseau n'auront plus le droit de vivre. Tant pis pour Rousseau, tant mieux pour nous !

— C'est *Monsieur Nicolas ou le Cœur humain dévoilé*, dit Restif avec une complaisante et naïve vanité ; un bien admirable livre, en effet : tout un homme, en dix-neuf volumes ! Voici les épreuves de ce beau livre, que j'imprime à la maison, mais je n'ai pas encore trouvé de libraire.

— Les libraires viendront saluer votre réveil, quand vous serez nommé de l'Institut, reprit Selis avec rancune. Je vais annoncer à mes élèves, que l'Institut espère vous posséder.

— Monsieur le traducteur est professeur de grammaire? rétorqua Restif, qui n'épargnait personne dans ses boutades satiriques. Au fait, je suis bien un peu grammairien, moi, puisque je m'occupe de la réforme de la langue et de l'orthographe. Vous lirez mon *Glossographe*, Monsieur le professeur.

— Eh ! qu'avez-vous besoin de libraire, homme prodigieux? dit Charlemagne. N'avez-vous point ouvert une souscription, à raison de dix louis par exemplaire, pour l'impression de votre *Monsieur Nicolas?*

— Hélas! digne et honnête thuriféraire, vous ignorez donc que je n'ai pu recueillir que trois souscriptions, celle de l'ex-comtesse Fanny Beauharnais, celle de l'ex-marquise de Montalembert, et, en dernier lieu, celle de mon vieil ami Grimod de la Reynière?

— Votre titre de membre de l'Institut vous vaudra cinq cents souscripteurs, dit Selis.

— Tout le monde souscrirait, dit Millin, si la souscription était de dix sous, au lieu de dix louis.

— Eh bien! dit Charlemagne, je propose une souscription en assignats, pour célébrer l'entrée du Contemporaniste à l'Institut : la souscription est fixée à 1,200 livres par tête.

Restif de la Bretonne était au comble de la joie : il jouissait pleinement de sa gloire; il acceptait sans examen et sans défiance tous les éloges qu'on lui décernait.

La souscription, proposée par Charlemagne, avait été couverte aussitôt par les habitués du café Robert, qui fournirent chacun deux assignats de cinq livres pour payer les frais d'un punch offert au glorieux candidat de l'Académie.

Restif ne put se refuser à prendre sa part des libations qui se faisaient en son honneur; mais, comme il ne buvait jamais de vin ni de liqueurs, il ne supporta pas les fumées alcooliques, qui se mêlèrent dans son cerveau troublé aux fumées de l'orgueil et de l'ambition.

Après avoir bu cinq ou six verres de punch, il était ivre-mort; on l'avait couronné de lauriers, entre le premier et le second verre.

On le rapporta sans connaissance et sans mouvement, la couronne sur la tête, dans son misérable garni de la rue Saint-Jacques.

— Il y a vraiment de l'inhumanité à traiter ainsi ce pauvre M. Restif! dit la veuve Duchesne à ceux qui lui ramenaient son locataire dans cet état d'ivresse et d'anéantissement. Je n'assurerais pas qu'il eût mangé depuis vingt-quatre heures!

— Ma chère Madame Duchesne, répondit Charlemagne, il mangera maintenant tous les jours, puisqu'il a été nommé membre de l'Institut national.

— O mon Dieu! j'en suis bien aise, répliqua la bonne femme. Ce n'est que justice, d'ailleurs, car il a fait plus de livres que tous les romanciers ensemble.

Cette orgie involontaire n'eut pourtant aucune suite fâcheuse pour la santé de Restif de la Bretonne.

Il rêva, sous l'influence du punch et des flagorneries dont il s'était laissé enivrer, qu'il faisait partie de l'Institut national et qu'il inaugurait sa réception dans les trois Classes qui composaient cette nouvelle Académie, par trois lectures différentes empruntées à la Philosophie, à la Morale, et aux Mémoires de *Monsieur Nicolas*.

Il s'éveilla, de très-bonne heure, au bruit des applaudissements qui retentissaient dans son imagination.

Il avait oublié l'invitation de Grimod de la Reynière, mais ce cruel mystificateur n'était pas homme à lui permettre de s'y soustraire : Grimod vint donc le chercher en personne, dans la crainte de ne pas le voir arriver assez vite au rendez-vous.

—Venez ! lui dit-il en l'abordant ; voici dix louis pour la souscription de votre *Cœur humain dévoilé*. Inscrivez mon nom au-dessous du nom du feu roi Louis XVI, qui était votre premier souscripteur.

— Pour qui me prenez-vous ? répliqua Restif en colère. Gardez votre argent, ou n'évoquez pas le souvenir du tyran ! Le *Monsieur Nicolas* n'a pas été fait pour des ci-devant.

— Ne nous querellons pas, Monsieur le Spectateur nocturne, dit Grimod : je n'ai pas envie de me brouiller avec un membre de l'Institut. Je viens en députation, de la part de vos collègues, vous rappeler le déjeuner auquel ils vous ont invité hier par mon entremise.

— Oui-da ! je ne pensais plus à votre déjeuner, et, si vous n'étiez pas venu, je vous brûlais la politesse. Vous ne m'aviez pas dit que les nouveaux membres de l'Institut seraient de la noce. Quels sont-ils? A-t-on élu le traducteur de Perse, un certain M. Selis, qui a l'honneur d'être un fat?

— A quoi bon vous les nommer, puisque vous allez les connaître? Dépêchons-nous, on vous attend. Qu'est-ce que cela? reprit-il, en désignant la couronne de lauriers que Restif avait encore sur la tête.

— Mettez que j'assistais hier aux jeux olympiens et que j'y ai été couronné comme Sophocle.

Restif de la Bretonne, convaincu de sa nomination à l'Institut, parce qu'il s'était vu académicien dans ses rêves, ne se mit pas en frais de toilette pour se présenter devant ses collègues; il ne brossa même pas sa redingote bleue, et ses ablutions matinales employèrent seulement un peu d'eau qui croupissait au fond d'un pot fêlé.

Il déposa précieusement sa couronne de lauriers, sur sa table de travail, vis-à-vis de son écritoire.

Il poussa trois cris, suivant son habitude, pour consacrer cet événement mémorable, et, ne songeant plus aux dix pièces d'or que Grimod de la Reynière avait laissées sur la cheminée au milieu des paperasses de l'auteur, il s'arma d'un énorme manuscrit qui n'aurait pas trouvé place dans la plus vaste poche de sa redingote.

— Nous vous lirons, entre la poire et le fromage, l'épisode de Sarah, dit-il gaiement. Si je ne vous fais pas tous pleurer comme des naïades, je jette au feu *Monsieur Nicolas!*

Il descendit son escalier sombre et raboteux, en pleurant lui-même au souvenir de l'héroïne amoureuse qu'il allait faire comparaître en présence de l'Institut.

Grimod le suivait par derrière, en se disant tout bas que les hommes de génie sont souvent à moitié fous.

— Eh bien! Monsieur Restif, vous êtes donc de l'Institut? lui demanda la veuve Duchesne, qui le guettait à la porte de sa librairie. Vous l'avez bien mérité.

— Merci! ma chère Madame Duchesne, répondit le romancier avec bonhomie. J'accepte vos compliments avec plaisir. Il est plus difficile d'obtenir l'approbation d'un libraire qu'une approbation du roi. — O les brigands de censeurs royaux! s'écria-t-il en faisant un retour sur le passé; je voudrais qu'ils fussent tous là pour me voir entrer à l'Institut!

Grimod le fit monter en cabriolet et l'emmena au Palais-Égalité, comme une victime qu'on va immoler.

Le mystificateur féroce restait impassible, à l'instar des anciens sacrificateurs.

## V

Restif, pendant le trajet, ne parla pas de l'Institut, mais parla longuement, avec feu, de cette Sarah qu'il avait aimée, qui l'avait trompé et qu'il aimait toujours.

Il baisait son manuscrit et versait des larmes, en jetant de petits cris *commémoratifs*.

On l'attendait avec impatience dans la salle du déjeuner; la Société des Mystificateurs était au grand complet pour le recevoir.

C'étaient en partie les mêmes convives qui avaient figuré dans le déjeuner des Pantophages, mais il n'eut garde d'en reconnaître aucun, ni de soupçonner le moindre projet de mystification.

Tout le monde le salua, en lui adressant un concert de félicitations banales ou singulières.

Lui, ne salua personne, comme à l'ordinaire, et il se posa sur-le-champ en académicien.

On se mit à table; on lui donna la place d'honneur, en face du président, qui l'invita en ces termes à s'y asseoir :

— Glorieuse colonne de l'Institut, vos honorables collègues se réjouissent de vous posséder au milieu d'eux dans ce banquet, comme ils vous posséderont au sein de la nouvelle Académie dont vous serez sans doute le secrétaire perpétuel, pour le triomphe de la glossographie et de toutes les graphies en général. Ils vous nomment, par ma bouche, roi du festin...

— Il n'y a plus de rois! interrompit brusquement Restif, qui ne transigeait jamais avec ses principes.

— Je veux dire que vos très-chers collègues vous décernent à l'unanimité la palme littéraire...

— Avez-vous lu ma *Découverte australe?* s'écria tout à coup Restif, en se penchant vers son voisin de droite. C'est mon évangile!

— Cette découverte-là, répondit le personnage à qui Restif de la Bretonne s'adressait, est à coup sûr la plus belle qui ait été faite depuis la découverte de l'Amérique.

— Mon meilleur ouvrage, reprit le romancier en interpellant son voisin de gauche, serait le *Paysan perverti*, de l'avis de tous les critiques; mais, moi, je préfère un livre plus modeste, plus simple, plus moral, la *Vie de mon père*. Si Rousseau, le grand Rousseau! a eu le bonheur de lire ce livre qui parut en 1777, une année avant sa mort, il s'est trouvé certainement bien inférieur à moi, et il aura reconnu lui-même que sa *Confession du Vicaire savoyard* était surpassée.

— Assurément! répliqua le convive, qui ne savait pas ce que c'était que la *Vie de mon père*. J'étais l'ami de Jean-Jacques et je me souviens qu'il ne parlait de vous qu'avec respect.

— Rousseau et moi, nous n'avons pas eu de rapports directs, dit Restif qui se sentait en verve de confidences; mais il lisait mes ouvrages et il les admirait. Un jour, le libraire Costard lui montra les épreuves de mon *École des pères*, qu'on imprimait; Rousseau fut émerveillé de ce roman : « Ceci est vraiment un nouvel *Émile;* c'est un *Émile* dramatique, puisque cet auteur, que je ne connais pas, met en action ce que j'ai mis en préceptes. Je ne m'attendais pas à voir paraître cet ouvrage dans ce siècle; il est plus utile que tous les nôtres, à Voltaire et à moi. » Tel fut le jugement du philosophe. Ah! si Jean-Jacques avait vu mes *Contemporaines*, que les sots ont dénigrées, mais dans lesquelles les gens sages ont reconnu un philanthrope cherchant sans cesse à présenter à ses contemporains les moyens d'être heureux en ménage, d'après la connaissance de leurs mœurs; oui, si Jean-Jacques avait pu seulement feuilleter les quarante-deux volumes de mes

*Contemporaines*, il se fût récrié d'admiration!

Cette monstrueuse vanité d'auteur s'épanouissait avec tant d'éloquence, de chaleur et de conviction, que tous les assistants, pour ne pas l'interrompre, suspendaient le bruit de leurs fourchettes et de leurs verres.

Le programme secret du déjeuner était de donner au prétendu académicien le plus d'occasions possibles de se montrer dans tout l'éclat de son originalité et de ses ridicules extravagances.

— Monsieur l'académicien, lui dit Piis, vous qui n'avez fait que des chefs-d'œuvre, ne faites-vous pas des vaudevilles?

— Je composais volontiers ces bagatelles-là, quand j'étais en province, à Auxerre ou à Dijon, répondit Restif; vous en trouverez un bon nombre dans le *Monsieur Nicolas*, ainsi que des anagrammes et des acrostiches.

— Quoi! homme incomparable, lui dit Choudard Desforges, vous faisiez des acrostiches et des anagrammes, dans la patrie de Piron! Ce sont là des tours de force littéraires qui vous ont mené tout droit à l'Institut. N'avez-vous pas fait aussi des énigmes, des charades et des triolets?

— Quelques-uns, répondit avec candeur le crédule Restif, mais ce n'était pas ma vocation. J'ai trop d'idées et trop de fougue pour être poëte ou plutôt versificateur, car je suis poëte en prose...

— Vous êtes peut-être, en outre, auteur dramatique? dit un peu trop légèrement Félix Nogaret.

— Hein? répliqua Restif que cette question maladroite avait effarouché et irrité, comme un taureau qui voit se déployer un drapeau rouge. Ce quidam me demande si je suis auteur dramatique! Il faut arriver de la Cochinchine, pour ne pas savoir que j'ai composé plus de vingt pièces de théâtre dans tous les genres, depuis la tragédie jusqu'à l'opéra-comique; bien plus, que j'ai fait imprimer dix-sept de ces pièces en trois volumes, qui ont paru, il y a deux ans, chez la veuve Duchesne.

— Vous avez mal compris l'honorable académicien, se récria Grimod de la Reynière : il connaît vos pièces de théâtre, comme nous les connaissons tous; il possède dans sa bibliothèque vos trois volumes; il les relit sans cesse et il se propose de faire représenter, au Théâtre des Jeunes-Élèves, votre *Loup dans la bergerie*...

— Cet opéra-comique avait été fait pour Audinot, reprit Restif avec importance; mais ce coquin de Nougaret, que j'appelle *Progrès* dans l'histoire de ma vie, m'a volé mon sujet, pour en faire un roman grivois. Au reste, mon théâtre a été pillé par tous les corbeaux de la littérature : Flins des Oliviers, Laya, Mercier, Mercier lui-même, se sont enrichis de mes dépouilles...

— De grâce, Messieurs, interrompit Grimod de la Reynière, nous parlons trop, et nous ne mangeons point assez, c'est-à-dire que personne ici ne mange, quand ce grand homme parle.

Restif de la Bretonne crut devoir, par politesse, en réponse à cet éloge, manger et boire tout ce que l'on mettait dans son verre et sur son assiette. Il s'était déjà enivré d'encens ; il se laissa enivrer de vin de Chypre.

La conversation de recommencer sur le chapitre de l'Institut ; mais Restif n'y prit part que d'une façon indirecte et souvent monosyllabique, car son cerveau s'était obscurci ; sa langue s'embarrassait, et il ne se sentait plus maître de sa présence d'esprit ordinaire.

— Il faut que je vous nomme vos collègues ? lui dit Grimod de la Reynière, qui voulut malicieusement faire rejaillir la mystification sur ceux-là mêmes qu'il y avait intéressés. Je parierais que vous ne connaissez pas un seul des académiciens ici rassemblés pour vous congratuler.

— Le citoyen Mercier est-il des nôtres ? demanda Restif, qui eut peine à retrouver ce nom dans sa mémoire.

— Non, par malheur; il s'est excusé sur ses fonctions de contrôleur de la Loterie, et il m'a envoyé sa procuration pour votre couronnement, qui doit se faire au dessert.

— Mes chers collègues, dit le pauvre Restif attendri jusqu'aux larmes, attendez que je sois mort, pour m'ensevelir sous les lauriers! N'est-ce pas le Tasse qui fut couronné au Capitole?

— Le Tasse n'était pas membre de l'Institut national; le Tasse n'avait pas écrit et imprimé cent cinquante volumes de Nouvelles; le Tasse n'était pas le Contemporaniste!

— Il me semble que j'ai déjà été couronné hier? murmura Restif, dont les paupières se fermaient.

— Vous méritez de l'être tous les jours, ô grand philosophe moral, sentimental et amoureux!

— Amoureux! répéta tristement le vieux romancier, en essuyant ses yeux, qui se remplissaient de larmes; amoureux! je le fus plus que Dorat et Gentil-Bernard. Mais, hélas! aujourd'hui, s'écria-t-il d'une voix retentissante :

Seigneur, Laïus est mort! laissons en paix sa cendre!

Aussitôt tous les convives se levèrent, au signal que leur donna Grimod de la Reynière, et chacun vint à tour de rôle déposer une couronne de laurier sur la tête de Restif, qui avait fort à faire pour les ôter l'une après l'autre, afin de ne pas être étouffé sous le poids de cette ovation.

— Citoyens, mes amis, mes collègues! dit-il en balbutiant avec émotion : voilà le plus beau jour de ma vie!

— Vive Restif! vive le Contemporaniste! crièrent les assistants, en agitant leurs serviettes comme des drapeaux. Gloire à l'Institut, qui a conquis par ses suffrages unanimes l'illustre Restif de la Bretonne!

— Je serais pourtant bien aise, dit le héros de la fête en s'adressant à Grimod de la Reynière, de faire connaissance avec quelques-uns de mes collègues et de savoir au moins leurs noms.

— Noms célèbres dans les quatre parties du monde! reprit Grimod, qui se fit un malin plaisir d'immoler successivement ceux qu'il désignait. Voici l'incomparable chansonnier Piis, qui a poussé le flon-flon jusqu'au sublime; il faisait déjà des vaudevilles dans le ventre de sa mère.

Restif ne répondit que par une grimace et un clignement d'yeux stupéfaits.

— Voici le plus grand dramaturge des temps modernes, continua Grimod; c'est le fameux Choudard Desforges, qui a composé six cent cinquante pièces de théâtre, dont une dizaine seulement a été jouée, sifflée ou applaudie. Ne confondez pas, s'il vous plaît, Desforges avec Molière ou même avec Marivaux.

L'étonnement de Restif se manifestait, à chaque nouveau nom, par de nouvelles grimaces.

— Voici le jeune Alphonse de Martainville, ajouta Grimod ; c'est le plus beau joueur de dominos, qui ait jamais tenu une plume. Voici l'*Aristenète français*, ce galant Félix Nogaret, qui a failli être confondu avec un paperassier insupportable, nommé Nougaret...

— Si Nougaret eût été fait académicien, s'écria fièrement Restif, je me serais retiré de l'Institut ! J'espère bien, ajouta-t-il, qu'on n'a point élu un cuistre de collége, un certain Selis, que je dévoue aux dieux infernaux, et que j'ai rencontré pour la première fois au café Robert.

— Ce Selis sera peut-être nommé concierge de l'Institut. Mais voici le marquis de Pellepore, qui n'a publié que des pamphlets contre l'ancien régime, la Bastille et le pape.

— Bravo, citoyen! dit Restif, qui tendit son verre et voulut le faire choquer contre celui de l'ex-marquis.

— Voici un mauvais sujet, Mayeur de Saint-Paul, auteur du *Chroniqueur désœuvré*...

— Quoi! l'Espion du boulevard du Temple est membre de l'Institut! grommela Restif.

— Voici un aimable jeune homme, Armand Charlemagne, qui n'a fait que des poésies légères et dont le bagage littéraire n'encombrera pas les magasins de l'Institut. Voici...

— C'est assez, interrompit avec un soupir Restif de la Bretonne : j'aurai bien le temps de me familiariser avec tous ces illustres inconnus. Il paraît que l'Institut a le privilége des cimetières : tout le monde a droit d'y être admis, en se faisant passer pour mort.

Cette boutade dérida l'assemblée, qui attendait une péripétie pour sortir de la mystification qu'on ne pensait pas devoir prolonger au delà du déjeuner.

— A propos, demanda tout à coup Restif, vous, Grimod, vous n'êtes donc point académicien comme tant d'autres qui ne vous valent pas? On aurait pu cependant vous mettre à la cuisine.

Toute l'assistance éclata de rire, et Grimod de la Reynière, confus du compliment, porta la santé de Restif de la Bretonne dans les termes les plus emphatiques.

Ce toast provoqua un enthousiasme général et burlesque.

Mais voilà qu'on apporte à Grimod de la Reynière une lettre sur un plat d'argent.

Avant de la décacheter, il demanda la permission d'en prendre lecture, et il la lut à voix basse, au milieu d'un silence que troublaient des rires et des chuchotements mal étouffés.

Restif demeurait seul impassible et comme indifférent.

Grimod, qui venait d'achever de lire cette lettre, affecta de paraître consterné : il la relut une seconde fois, en donnant des signes de surprise et de dépit.

— O mon Dieu ! quelle catastrophe ! s'écria-t-il d'un accent ému et gémissant. Écoutez ce que m'écrit M. Mercier : « Les destins sont contre nous : mes quatre collègues et moi, chargés de désigner seize membres qui feront le noyau de l'Institut national, nous avons présenté nos listes ; sur la mienne, le nom de l'immortel Restif de la Bretonne figurait en tête de tous, mais, un pâté d'encre étant tombé dessus, je fus obligé de faire une nouvelle liste, sur laquelle, par une distraction inexplicable, j'ai oublié justement le nom que j'y voulais mettre : c'est le nom de Selis qui s'est trouvé inscrit à la place de celui du plus fécond, du plus vertueux, du plus honorable des romanciers. *Jupiter quos vult perdere dementat*. Notre Restif n'est donc pas de l'Institut : on a bien omis l'article *Paris* dans l'*Encyclopédie !* »

Cette dernière phrase parut frapper Restif de la Bretonne, qui avait entendu la lecture de la lettre avec un sentiment de stupeur morne et froid.

Il tressaillit, se redressa sur son siége, releva la tête et promena autour de lui un regard étincelant.

— M. *Nicolas* ne sera donc pas de l'Institut, dit-il amèrement ; on avait omis l'article *Paris* dans l'*Encyclopédie*. Tant pis pour l'*Encyclopédie*, tant pis pour l'Institut !

— Vous voyez vos excellents collègues contristés et indignés ! reprit Grimod de la Reynière.

— N'en parlons plus ! interrompit Restif, qui avait repris son sang-froid et son aplomb. J'ai maintenant le droit de dire son fait à l'Institut national, et je ne l'épargnerai pas. Mais je serai charmé d'apprendre à ces Messieurs ce que je vaux et ce qu'ils perdent en me perdant.

Il posa sur la table son manuscrit, qu'il avait conservé sur ses genoux ; il dénoua soigneusement la ficelle qui l'entourait, il déroula lentement les cahiers affreusement griffonnés et raturés dont l'ouvrage se composait, et il y chercha la page où devait commencer sa lecture.

Cette lecture, à en juger d'après la grosseur du manuscrit, pouvait être longue, et les convives rassasiés s'effrayaient de rester encore assis, immobiles et attentifs, pendant qu'on leur servirait un ragoût littéraire plus ou moins indigeste, qui n'avait pas été compris dans le menu du déjeuner.

— C'est mon *Histoire de Sarah!* dit Restif, en secouant son manuscrit. On prétend que cette *Histoire* est mon chef-d'œuvre. Vous m'obligerez, citoyens, si vous voulez bien me donner votre avis là-dessus.

— Vous allez donc nous lire un morceau de votre *Monsieur Nicolas?* objecta Grimod de la Reynière, interrogeant des yeux le désappointement et l'opposition de l'auditoire.

— Je ne vous lirai guère qu'un volume? répondit Restif, qui ne remarqua pas le mouvement de terreur et d'anxiété, que cette annonce avait produit dans l'assemblée. Le *Monsieur Nicolas* est un roman qui contient un homme tout entier, je ne me lasse pas de le répéter. Indigné de voir les livres consacrés au mensonge, j'ai voulu faire un livre vrai, entièrement vrai d'un bout à l'autre, peindre les événements d'une vie naturelle et la laisser à la postérité comme une anatomie morale.

— Vous pouvez commencer votre lecture, interrompit Grimod; mais abrégez...

— Je suis sûr, continuait Restif en s'animant par degrés, je suis sûr de donner un miroir fidèle, intéressant : fidèle par la vérité des images, intéressant par le naturel, par la singularité, la variété, la multiplicité des aventures dont ma vie est remplie, par ma hardiesse à tout nommer, à compromettre les autres, à les immoler avec moi, comme moi, à l'utilité publique...

— Restif, mon cher Restif, s'écria Grimod, je vous demande grâce pour nous !

— O Jean-Jacques Rousseau ! disait Restif, qui s'exaltait de plus en plus, tu as sûrement dit la vérité dans tes *Confessions*, mais tu as trop écrit en auteur ! Moi, j'écris seulement en homme ; je dirai tout : mon but, je le répète, est de servir le genre humain...

— Au fait, au fait, avocat ! interrompit Grimod, se souvenant de son ancien métier du barreau.

— Si j'avais été nommé de l'Institut, poursuivait Restif, j'aurais pu être gêné dans mes allures, dans mon plan, dans mon œuvre. *Monsieur Nicolas* en eût souffert. Mais, Dieu merci ! je ne suis pas, je ne serai pas de l'Institut ; je puis achever ma tâche, en détaillant ma vie, en scrutant mon cœur, en exposant les motifs de toutes mes actions. Voyez l'homme dans le peu de bien qu'il a fait, voyez l'homme dans le mal. Je ne suis jamais qu'un homme, votre frère, votre pareil, votre miroir, un autre vous-même !

Cette allocution fut prononcée avec une éloquence si chaleureuse et si communicative, que tous les assistants en étaient émus, électrisés, enthousiasmés.

Restif de la Bretonne se transfigurait; l'inspiration rayonnait sur ses traits; sa pose, son geste et sa voix avaient je ne sais quoi de majestueux et de solennel.

Des applaudissements et des acclamations unanimes, qui ne procédaient pas, cette fois, du système de mystification mis en œuvre à son égard, témoignèrent des dispositions bienveillantes de son auditoire et le maintinrent, pour ainsi dire, au même degré de sensibilité et de surexcitation poétique.

Il commença aussitôt sa lecture; il lut, avec emportement, avec passion, l'*Histoire de Sarah*, cette admirable histoire, qui n'est que le récit touchant et vrai d'une aventure intime de l'auteur.

C'est un chef-d'œuvre auquel on ne peut comparer, dans notre littérature, que le roman de *Manon Lescaut*, qui lui est inférieur sous le rapport du sentiment et de la vérité, quoiqu'il le surpasse de beaucoup au point de vue de l'art.

Il est à remarquer que *Manon Lescaut*, de même que l'*Histoire de Sarah*, n'est qu'un épisode jeté au milieu des mémoires particuliers d'un écrivain.

Le sujet de *Sarah* est plus simple encore et plus trivial que celui de *Manon Lescaut*.

Un homme de quarante ans aime une fille de seize ans et se croit aimé; mais bientôt il s'aperçoit que l'affection qu'il a pu inspirer n'est pas au diapason de celle qu'il ressent : il devient jaloux ; il a un rival, un rival jeune et beau, un rival qu'on aime à cause de sa jeunesse et de sa beauté, si peu digne que ce rival soit, d'ailleurs, d'être aimé pour ses qualités morales et intellectuelles.

Le malheureux quadragénaire se débat en vain contre l'amour insensé et aveugle qui s'est emparé de tout son être : cet amour est une humiliation qu'il lui faut subir et qui résiste, cruel et impitoyable, à tous les efforts héroïques de la raison.

Le vieillard continuera donc d'aimer, mais à travers les souffrances et les amertumes que lui met au cœur la certitude d'avoir un rival préféré.

Tel est ce petit roman à trois personnages; plus émouvant, plus enchaînant, plus captivant que les actions dramatiques chargées d'incidents et entrecoupées de péripéties. La peinture et l'analyse des sentiments qui animent ces trois personnages et qui les font agir entre eux, voilà ce qui remplit le roman, où toutes les pages ont été déchirées une à une dans le livre douloureux du cœur.

La lecture de ce triste et charmant épisode de

l'amour produisit sur les assistants l'effet qu'il devait produire, l'effet qu'il produira toujours sur des âmes où il reste encore quelque chose d'humain et de sensible.

Sans doute, la voix sonore et pathétique du lecteur, sa pantomime expressive et son regard illuminé contribuèrent au succès qu'obtint cette lecture, qui ne dura pas moins de trois heures.

Personne ne songeait à l'interrompre, et chacun craignait qu'elle cessât trop vite; on écoutait avec une attention, qui redoublait à mesure que le drame marchait, sans secousse et sans embarras, vers un dénoûment prévu d'avance; on suivait des yeux le récit, qui prenait l'intérêt d'un spectacle réel, en passant par la bouche du principal acteur de ce drame si vrai et si pathétique.

Par moments, un murmure approbateur circulait dans la salle, et souvent le bruit d'un soupir trahissait une émotion plus sympathique; enfin, cette émotion se répandit de proche en proche et les paupières des auditeurs se mouillèrent.

Restif lui-même fondait en larmes et sanglotait par intervalles, en retrouvant une à une ses impressions personnelles dans cette naïve et touchante narration où il se sentait revivre à quinze ans de là.

Tout à coup, il s'arrêta, en poussant un cri

plaintif et se frappant la poitrine avec désespoir.

— Sarah, fille adorable! dit-il tout haut avec l'accent le plus mélancolique et le plus tendre, je t'ai perdue, ô ma Sarah! Que m'importent à présent la gloire et mes lauriers! Je donnerais toute cette fumée pour un de tes sourires, pour un de tes regards!

Puis, étouffant un nouveau cri plaintif; il rassembla précipitamment les cahiers de son manuscrit, se leva de sa chaise avec fracas, rabattit son chapeau sur ses yeux et s'enfuit, tout effaré, sans prendre garde aux applaudissements qui retentissaient derrière lui.

— Messieurs, dit gravement Grimod de la Reynière, l'auteur de l'*Histoire de Sarah* est, sans contredit, notre maître à tous. Si cette lecture avait été faite devant l'Institut, Restif serait élu à l'unanimité.

## VI

Restif de la Bretonne ne sut jamais que son élection à l'Institut n'avait pas même été mise sur le tapis ; il se persuada, au contraire, qu'il eût été certainement élu, sans la perfidie de Mercier, qu'il rencontra au café Robert, sur le quai de l'École, peu de jours après le Déjeuner des Mystificateurs.

— Eh bien ! lâche ennemi, lui dit-il en le provoquant du geste et du regard, je ne suis pas de l'Institut, grâce à toi, grâce à tes intrigues, grâce à tes complots, grâce à ta basse envie !

— Il fallait vous présenter, mon cher *Paysan perverti*, répondit tranquillement Mercier ; vous auriez eu ma voix.

— Misérable ! je te clouerai au pilori en te démasquant, lorsque je publierai *Monsieur Nicolas !*

En effet, l'année suivante, Restif commença la publication de son grand ouvrage, dans lequel il se plaignait d'avoir été exclu de l'Institut par ses ennemis et notamment par Mercier, qu'il signalait à l'animadversion des honnêtes gens.

« J'ai peint Mercier comme traître, comme perfide, comme improbe, dit-il après avoir raconté à sa manière l'affaire de l'Institut ; le voici comme plagiaire. — Vous dites que Mercier vous hait, qu'il désire vous voir périr de misère ! Mais quel motif en a-t-il ? L'intérêt est la mesure des actions des hommes. — On ne m'en croirait pas, si je le disais sans en apporter de preuves, que le but de Mercier, si riche en drames, est de s'approprier mon *Théâtre !*

Les mystificateurs, qui lui avaient mis l'Institut dans la tête et la haine de Mercier dans le cœur, ne manquaient pas de renouveler sans cesse, par des lettres anonymes ou pseudonymes, les tortures de sa vanité, au sujet de sa prétendue élection académique.

On lui écrivait de tous les points de la France, sous prétexte de lui dévoiler les machinations qui l'avaient empêché d'être nommé académicien.

Chacune de ces lettres finissait invariablement par cette formule, qui ne l'étonnait plus, parce qu'il l'avait adoptée lui-même : « On a oublié Restif de la Bretonne dans la formation de l'Institut national ; on avait bien omis l'article *Paris* dans l'*Encyclopédie.* »

Il répétait sans cesse cette même phrase, dès qu'il trouvait quelqu'un à qui se plaindre de l'injustice qu'il avait éprouvée et dont il ne pouvait se consoler.

« J'avertis ici le public, écrivait-il dans le 10ᵉ volume de *Monsieur Nicolas*, publié en 1797, qu'il y a une coalition entre tout ce qui existe de plus vil dans la littérature, pour m'exclure de l'Institut national. Eh! qui croirait-on que sont ces *poux de la littérature ?* comme les nomme la lettre dont j'ai parlé! Leur nom infâme salirait cet ouvrage, qui contient mes turpitudes... Mais qui a dit à ces misérables, que je voulais être de l'Institut? Ai-je fait une démarche? Ai-je assisté à une seule séance? Vils intrigants, misérables intrus, je ne vous ressemble pas! »

Grimod de la Reynière était l'auteur de cette lettre cruelle qui avait ravivé toutes les plaies de l'amour-propre blessé de Restif.

La plupart des épîtres que le pauvre Restif recevait, comme autant de flèches acérées, avaient été combinées et fabriquées dans le Déjeuner des Mystificateurs, où reparaissait quelquefois le candidat perpétuel de l'Institut.

On ne s'était pas contenté d'envenimer son ressentiment contre Mercier: on avait, en outre, désigné à sa haine Fontanes, Ginguené, Millin et d'autres académiciens qui ne s'occupaient pas de lui.

On le leurra quelque temps de l'espoir d'une réparation éclatante; on lui fit accroire que son élection à l'Institut n'avait été que retardée; mais il tomba enfin dans le découragement le plus profond.

— Ah! disait-il souvent, au café Robert, où venaient le relancer Grimod de la Reynière et ses complices: je voudrais être mort, avant que l'Institut eût été créé! Je n'aurais pas du moins subi cet affront aux yeux de l'Europe, qui lit mes ouvrages et qui les admire!

Il achevait alors l'impression du onzième volume de *Monsieur Nicolas*, qu'il imprimait lui-même, en le composant *à la casse, sans copie;* il était à bout de ressources pécuniaires, de force physique et de courage moral.

Son dernier cri de détresse devait être une malédiction contre l'Institut.

« On sait, dit-il à la page 3244 de son ouvrage, que l'Institut national a été établi pour servir de retraite aux véritables gens de lettres; certainement, je suis plus homme de lettres qu'un Fontanes, qu'un Ginguené, qu'un Millin qui tient, en outre, une place à la Bibliothèque nationale; qu'un Selis, et cinquante autres de cet acabit... Voilà quels sont les gens qui ont exclu de l'Institut national le Génie accablé sous le poids du malheur et de la vieillesse!... Il est impossible d'exprimer avec quel acharnement tous les hommes sans titre et sans mérite, les frelons, ont expulsé les abeilles industrieuses!... »

Le composteur qu'il tenait en composant ce paragraphe s'échappa de sa main, et les caractères qu'il y avait réunis s'éparpillèrent à ses pieds.

Ses larmes coulaient abondamment.

Il se laissa tomber sur une chaise boiteuse et souhaita mourir.

Sa fille Marion, qui demeurait avec lui à cette époque et dont il nourrissait les trois enfants, accourut avec une lettre accompagnant un petit paquet cacheté, qu'un commissionnaire venait d'apporter.

Restif décacheta la lettre : c'était encore une mystification, mais cette fois sous la forme d'un acte de générosité.

La voici :

« Citoyen grand homme, le journal de Varsovie annonce que l'Institut national de France vous a enfin ouvert ses portes. C'est une justice bien tardive qui sera très-applaudie en Pologne. Mais, en même temps, le journal nous apprend que l'impression de votre immortel chef-d'œuvre, de ce *Monsieur Nicolas* qui n'a pas et qui n'aura jamais son pareil, a tellement épuisé votre bourse, que vous ne serez peut-être point en état d'acheter un costume d'académicien. J'ai été touchée de cette situation, que vous méritez moins que personne. Permettez-moi, comme Polonaise sensible, de vous indemniser du plaisir que vous m'avez fait pendant vingt ans avec vos livres; je vous envoie, par l'entremise de notre sensuel ami Grimod de la Reynière, une petite somme qui vous permettra de vous vêtir de neuf pour le jour de votre réception à l'Institut. Si j'étais plus jeune, si je n'avais pour époux un noble seigneur polonais qui me bat et qui m'adore, j'irais vous offrir mon cœur et ma main.

« Paulina CATINSKA, née NICOLAKISKA.

Le paquet, que Marion décacheta en tapinois, pendant que Restif lisait la lettre, contenait vingt-cinq louis d'or, qui défrayèrent la dépense du ménage durant tout l'hiver, car Restif n'eut jamais besoin de s'acheter un habit de membre de l'Institut.

## VII

Grimod de la Reynière, si terrible mystificateur qu'il fût, avait au fond des sentiments généreux et élevés : il puisait volontiers à pleines mains dans sa bourse, pour venir en aide à ceux qu'il avait fait souffrir de ses malices.

C'était même, à son avis, une bonne manière de mystifier les gens, que de leur procurer des joies et des surprises extraordinaires.

Il aimait à donner à ses bienfaits une forme ingénieuse et étrange, qui lui permettait, pour ainsi dire, d'y trouver son propre intérêt et son plaisir, en se divertissant.

Il imitait ainsi le plus possible ces bons génies, ces fées propices qui se plaisaient, dans l'âge des fictions, à contenter immédiatement les désirs et les espérances des hommes, et qui réalisaient quelquefois les songes du dormeur à son réveil.

Il y avait donc, dans les mystifications qu'il imaginait et qu'il exécutait seul, un côté philosophique qui en tempérait la cruauté ; mais néanmoins ces mystifications se distinguaient ordinairement par leur caractère triste et bizarre.

Nous pouvons dire qu'il fut l'inventeur du *Bal des Victimes*, cette monstrueuse anomalie qui n'a jamais existé à l'état d'établissement public ayant une organisation régulière et durable.

On a cité, on cite sans cesse ce fameux Bal des Victimes comme une des preuves les plus éclatantes du dévergondage moral de l'époque du Directoire.

Il en est trop souvent question dans les journaux et les écrits du temps, pour qu'on n'éprouve pas quelque embarras à nier un fait qui paraît avoir eu tant de témoins; et cependant nous sommes forcé de constater que ce ne fut là qu'une grande mystification, et pour ceux qui croyaient alors à l'existence de ce Bal des Victimes, et pour ceux qui en parlaient d'après des ouï-dire plus ou moins vagues, et pour ceux enfin qui cherchaient à y figurer, soit comme acteurs, soit comme simples spectateurs.

Après le 9 thermidor, il y eut, par toute la France, et à Paris plus qu'ailleurs, une subite et complète réaction dans les idées, les sentiments, les mœurs et les habitudes de la nation, qui semblait sortir tout entière des cachots de la Terreur.

On avait tant souffert pendant cette effroyable

crise sociale et politique, que chacun sentait la nécessité de se distraire et d'oublier. Mais il n'était pas facile d'effacer si vite les traces du sang et des larmes qui avaient coulé dans le sein de tant de familles.

Les échafauds avaient disparu, les prisons étaient vides; mais on entendait gémir autour de soi les fantômes des êtres chers qu'on avait perdus, et l'on comptait avec douleur les pertes nombreuses qu'on avait faites sur le terrain des exécutions révolutionnaires.

On comprend que l'excès de souffrances morales et de privations matérielles amena naturellement l'excès des plaisirs.

Voilà pourquoi l'ère du Directoire s'ouvrit sous les auspices des dieux, longtemps bannis, de la bonne chère et de la danse.

Un jour, on amena au Déjeuner des Mystificateurs le chevalier Jourgniac de Saint-Méard, qui s'était fait une réputation d'audace et de dévouement dans le parti royaliste, par la publication de son *Agonie de trente-six heures*, curieuse brochure rédigée et imprimée à Paris peu de jours après les massacres de Septembre, auxquels l'auteur avait eu le bonheur d'échapper, quoiqu'il fût alors prisonnier à l'Abbaye et qu'il eût comparu devant le sanglant tribunal de Maillard.

Sa présence d'esprit ou plutôt l'intervention d'un ami secret l'avait sauvé, et depuis sa délivrance miraculeuse, il allait de table en table, de salon en salon, racontant avec beaucoup d'entrain et de gaieté cet épisode de sa vie, qu'il avait narré en détail dans sa brochure, qui fut réimprimée cinq ou six fois et vendue à un nombre considérable d'exemplaires.

Mais il n'avait pu voir la mort de si près, sans que son imagination restât frappée du danger qu'il avait couru, et qui était toujours présent à ses yeux : il en était resté, en quelque sorte, aux journées de septembre 1792, dans l'histoire de la Révolution, bien qu'il eût depuis traversé, sans être poursuivi ni inquiété, la longue période de la Terreur.

Ses souvenirs et sa conversation ne sortaient pas du cercle des septembrisades.

C'était là ce qui faisait son originalité et ce qui lui permettait d'exercer avec un certain succès le métier ingrat de pique-assiette.

Il était vêtu, logé, nourri, fêté, choyé, aux dépens de l'horrible massacre des prisons.

On n'avait pas invité, cette fois, le chevalier, pour entendre son éternel récit de l'agonie de trente-six heures; on voulait essayer jusqu'à quel point il était mystifiable sur le chapitre de l'affaire des prisons.

A peine fut-il à table, qu'il commença, suivant son usage, à entrer en matière, sans toutefois perdre un coup de dent.

— Vous savez tous, Messieurs, dit-il en souriant à la ronde, que j'étais enfermé à l'Abbaye lors des massacres de Septembre. On m'accusait d'être royaliste, et jamais accusation ne fut mieux motivée; j'avais écrit dans les journaux qui défendaient la royauté et notre malheureux roi...

— Chevalier, interrompit Martainville qui le connaissait, nous avons lu avec la plus vive sympathie votre touchante brochure, et je la tenais à la main, quand je comparus devant Fouquier-Tinville, à qui j'ai dit son fait, grâce à l'énergie et à l'éloquence que j'avais puisées dans la lecture de ces nobles pages.

— Mais j'ai dû supprimer beaucoup de détails! reprit Jourgniac, qui avait à cœur de payer son écot en sa monnaie ordinaire : je veux, par exemple, vous rapporter un bon mot de ce coquin de Maillard...

— Monsieur le chevalier ignore sans doute, interrompit d'un air lugubre Grimod de la Reynière, que tous nos convives ici présents ont failli périr dans les fatales journées de septembre 1792?

— Quoi! tous ces Messieurs étaient dans les prisons, s'écria le chevalier de Saint-Méard stupéfait, et tous ont été sauvés comme moi ! C'est bien étrange, ajouta-t-il presque consterné. Je croyais être le seul.

— Il n'y a parmi nous que M. de Martainville qui n'ait pas eu son agonie aux septembrisades.

— Moi, j'étais à l'Abbaye, dit Félix Nogaret, et je me suis évadé sous les habits d'un guichetier, que j'avais enivré avec une infusion de tabac à priser dans du vin de Malvoisie.

— Je n'ai pas entendu parler de cette évasion, reprit le chevalier tout déconcerté. Je vous félicite, Monsieur, d'avoir pu vous échapper sans passer devant le farouche tribunal de Maillard.

— J'y ai bien passé, ainsi que vous, dit à son tour Desforges. Après m'avoir interrogé, Maillard prononça son terrible arrêt : « Élargissez Monsieur ? » Je m'acheminai lentement vers la porte où les égorgeurs attendaient leurs victimes; mais tout à coup Maillard me rappela, pour me demander si je n'avais pas fait mes classes au collége de Navarre. Je répondis affirmativement : « Tant mieux pour toi ! murmura-t-il en faisant signe à ses affreux satellites de me faire sortir du côté opposé à celui par lequel j'allais me livrer moi-même à mes bourreaux. Nous sommes anciens condisciples! » Voilà ce qui me sauva.

— Ah ! Monsieur, vous auriez dû écrire et publier votre histoire ! repartit tristement le pauvre Jourgniac.

— Et moi, dit Charlemagne, je fus sauvé par une femme du peuple, qui m'arracha des mains d'une bande de septembriseurs, en disant que j'étais son fils et qu'elle avait perdu son mari à la prise de la Bastille.

— Et moi, dit Piis, je me jetai dans les bras du père Lenfant, le confesseur du roi, qu'on voulait sauver et qui m'entraîna dans la rue avec lui; mais il retourna sur ses pas pour prendre son bréviaire, qu'il avait oublié dans la prison, et on l'égorgea, malgré les efforts que je fis pour le défendre.

— C'était un moment terrible ! répliqua le chevalier de Saint-Méard en soupirant. Mais, en vérité, je ne m'explique pas comment Maillard a pu faire grâce à tant de prisonniers !

— Moi, dit le marquis de Pellepore, je n'ai dû la vie qu'à la vigueur de mon poignet : j'ai saisi à la gorge ce scélérat de Maillard, et je l'aurais étranglé, si l'on n'était accouru à son aide.

— Vous avez saisi à la gorge Maillard ? s'écria Jourgniac effrayé ; et vous êtes encore vivant !

— J'ai reçu une vingtaine de coups de sabre et de pique, repartit le marquis, mais aucun n'était mortel, et j'ai repris connaissance dans le tombereau où l'on avait entassé les cadavres.

— Ceci est plus merveilleux que tout ce que j'ai ouï dire des massacres de Septembre, répliqua le chevalier. Vous pouvez vous vanter d'être revenu de loin.

— Moi, dit le marquis de Sade, je n'étais point à l'Abbaye, mais à la Force; je me suis déguisé en femme avec les habits de Madame de Lamballe, et on m'a fait sortir du guichet, en croyant que c'était elle qu'on sauvait. Dix minutes après, la malheureuse princesse était septembrisée.

— Quant à moi, dit Mayeur de Saint-Paul, j'étais écroué à la prison des Carmes et j'ai sauté du haut du clocher dans la cour, au moment où l'on expédiait les prêtres.

— Sauter du haut d'un clocher! répéta le chevalier de Saint-Méard avec incrédulité. Vous avez sauté par-dessus le mur du jardin? C'est bien assez, et l'on ne vous en demande pas davantage.

— Oh! l'exagération est permise à des gens qui ont vu la mort de si près, reprit Grimod de la Reynière. Il y a bien trois cents personnes à Paris, actuellement vivantes, qui étaient dans les prisons le 2 septembre...

— Trois cents personnes! répéta le chevalier tout abasourdi. A ce compte-là, Maillard aurait été presque clément. Sur ma parole, je croyais être le seul qui n'eût pas été égorgé à l'Abbaye! Cependant le massacre des prisons a fait bien des victimes : 50,000 ou 60,000, dit-on.

— Allons donc! se récria Piis, oubliant le mot d'ordre de la mystification : il n'a pas péri plus de 900 prisonniers. Nous avons le nombre exact dans les archives de la Police.

— M. le chevalier de Saint-Méard doit le savoir mieux que les archives de la Police, répliqua Grimod, car il y était, lui.

— Hélas! oui, j'y étais! interrompit vivement le chevalier, qui jugea le moment venu d'entamer son récit inévitable. On m'avait mis à l'Abbaye comme royaliste, à cause de certains propos assez hardis que j'avais tenus dans un café...

— Nous étions tous à l'Abbaye, répétèrent à la fois les convives, nous avons tous vu ce qui s'est passé !

— Messieurs, Messieurs, entendons-nous! disait en s'agitant le petit Jourgniac. Vous y étiez tous, je le veux bien; mais j'y étais, moi, et j'ai raconté mon agonie de trente-six heures...

— Je parie vingt louis, repartit Grimod de la Reynière, que je trouverais, dans Paris, non pas trois cents personnes, mais six à huit cents qui ont été sauvées comme vous dans les journées de Septembre.

— Je parierais volontiers contre vous, dit en soupirant le chevalier, si j'avais vingt louis.

— N'importe, Monsieur le chevalier, parions! Votre parole vaut plus de vingt louis, et d'ailleurs vous êtes sûr de gagner. Nous verrons si je puis vous présenter dans quinze jours les noms de huit cents personnes qui se vantent d'avoir échappé miraculeusement aux massacres des prisons.

Le chevalier Jourgniac de Saint-Méard se retira la tête basse et l'air déconfit, car il sentait que son prestige était détruit, et qu'il cesserait d'être un objet de curiosité pour les gobe-mouches et les désœuvrés de Paris, dès qu'on aurait constaté dans la capitale la présence d'un aussi grand nombre de ses compagnons d'infortune.

Il se flattait cependant de gagner le pari qui devait mettre vingt louis dans sa bourse vide.

## VIII

Deux jours après le pari offert au chevalier Jourgniac de Saint-Méard, Grimod de la Reynière fit insérer dans plusieurs journaux d'annonces la note suivante :

« Avis. — Les personnes qui étaient dans les prisons de Paris à l'époque du 2 septembre 1792, et qui ont eu le bonheur de ne pas être comprises dans le massacre, sont invitées à se présenter, rue de l'Arbre-Sec, 14, chez le docteur Lehman, lequel recueillera leurs noms, titres et qualités, avec la déclaration exacte de leur présence dans les prisons à l'époque susdite. Le but de cette inscription matriculaire est de fixer la répartition des sommes qui doivent être distribuées entre tous les survivants au massacre, selon la clause y relative du testament olographe de feu M. le baron de Kabeldakostein, testament enregistré et homologué par la Cour des archiducs de Vienne. Le docteur

Lehman recevra aussi les renseignements demandés, par correspondance. *Écrire franco.* »

Cette annonce produisit une vive sensation dans le public, et le numéro des *Petites Affiches* dans lequel on l'avait insérée se vendit à des prix exorbitants.

Dès le jour même, il y eut une procession de curieux qui se pressaient à l'adresse indiquée.

Le docteur Lehman n'était autre qu'un vieil intendant de la maison du fermier-général Grimod de la Reynière; il avait une apparence fort respectable, étant de noir habillé, portant la poudre, et ayant au doigt un gros diamant.

Il parlait peu, à voix basse, saluait beaucoup, écrivait tout ce qu'on voulait et ne se déridait jamais.

A toutes les interrogations, il répondait seulement, d'un ton bref, que son illustre maître feu le baron de Kabeldakostein avait laissé par testament une somme de trois millions de florins à distribuer également entre toutes les personnes qui auraient pu, d'une manière ou d'une autre, sauver leur vie dans les septembrisades de 1792.

Le jour où le prétendu docteur Lehman commença de tenir bureau ouvert, trois cents personnes se firent inscrire à l'effet de participer au legs du baron.

Le lendemain, les inscriptions s'élevèrent à cinq cents.

Le troisième jour, on se battait à la porte pour entrer.

La police dut intervenir, ne fût-ce que pour établir l'ordre dans cet amas d'individus de tout âge, de tout rang et de toute condition, qui encombraient la rue de l'Arbre-Sec.

Le docteur Lehman eut la prudence de disparaître, non sans emporter toutefois les listes qu'il avait dressées et qui contenaient plus de quinze cents noms.

La foule augmentait toujours, et il fallut employer des gendarmes pour rétablir la circulation dans la rue où les badauds se rendaient de toutes parts, longtemps après que l'enregistrement des noms eut été suspendu.

Le baron de Kabeldakostein et son bizarre testament continuaient à faire l'entretien de tout Paris.

Grimod de la Reynière fut tellement ravi du succès de cette mystification, qu'il en imagina plusieurs autres de la même espèce qui réussirent plus complétement encore.

Un matin, le *Journal des Petites Affiches* publiait l'avis suivant :

## « ASSEMBLÉE GÉNÉRALE DES VICTIMES DE LA RÉVOLUTION.

« Les citoyens et citoyennes qui s'honorent d'avoir été victimes de Robespierre et du terrorisme, recevront, par la petite poste, des invitations spéciales pour l'assemblée générale qui aura lieu au cimetière de Clamart, à l'occasion de l'anniversaire du 9 thermidor. »

Une pareille annonce était bien faite pour mettre la police en éveil : des ordres secrets furent donnés pour examiner les envois de lettres circulaires imprimées ou écrites à la main ; pour surveiller les alentours du cimetière, dans lequel avaient été inhumés les citoyens exécutés sur la place de la Révolution ; enfin, pour rechercher soigneusement les principaux chefs de la prétendue Société des Victimes.

On ne découvrit personne, bien entendu ; on apprit seulement, au bureau des *Petites Affiches*, que l'Avis signalé à la police avait été déposé, avec le prix de l'insertion, dans les mains d'un commis, par un vieux monsieur bien vêtu et coiffé en poudre, qui devait être un *ci-devant*. Ce vieux monsieur ne se retrouva pas.

Plusieurs journaux politiques avaient répété l'Avis, inséré dans la feuille d'annonces, en le commentant et en y cherchant la preuve d'une conspiration royaliste.

C'était là un nouveau sujet de conversation pour les cafés et les clubs, où la *jeunesse dorée* de Fréron avait pris pied.

La conspiration royaliste devint donc un fantôme, qu'on voyait, qu'on croyait voir partout.

Un journal quotidien publia la lettre suivante, qui acheva de troubler et d'égarer l'opinion publique :

« Citoyens,

« On se demande généralement avec inquiétude quel peut être le but de cette société, qui s'est formée à Paris et peut-être par toute la France, en s'intitulant : *Société des Victimes de la Révolution*. C'est parce que le but est honnête, patriotique et vraiment philosophique, qu'il faut le faire connaître à nos ennemis comme à nos amis. On ne peut nier que la Révolution, ou plutôt la Terreur de Robespierre, ait fait une très-grande quantité de victimes : les unes ont péri sur l'échafaud ou sont mortes de douleur et de misère dans les prisons; les autres, encore vivantes, n'en sont pas moins à plaindre, privées des êtres chers que la Terreur leur a enlevés. Tel a perdu son père, tel autre sa mère; celui-ci est resté sans famille, comme sans fortune; celui-là compte cinq ou six deuils personnels, dans le lugubre tableau des exécutions faites en vertu de jugements du Tribunal révolutionnaire. Voilà les intéressantes victimes qui ont eu l'idée de se réunir en association autorisée par la loi, pour acheter, du produit d'une cotisation nationale, le terrain du cimetière de Clamart, afin de le faire vitrifier, avec tous les corps qu'il contient, à l'aide de procédés chimiques aujourd'hui connus. On a calculé que cette vitrification des sépultures coûterait à peine 50,000 livres et produirait 500,000 mètres cubes de matière vitrifiée, des nuances les plus variées, depuis le vert tendre jusqu'au rouge sanguin. Il est inutile d'ajouter à cette innocente révélation, que ce verre animal, taillé et poli à facettes, permettra d'élever un monument expiatoire à la mémoire des morts, monument plus vaste et plus grandiose que le Panthéon. Les plans et les devis sont secrets.

« Citoyens, je vous salue fraternellement,

« D. B..., agent comptable de la Société des Victimes. »

La mystification était trop évidente dans cette lettre, pour trouver un grand nombre de dupes; on ne fit qu'en rire.

Mais ceux qui avaient la prétention d'être plus clairvoyants dans les choses politiques, pensèrent que la lettre n'avait été imaginée que pour détourner l'attention du Gouvernement et pour faire tomber tous les soupçons sous le poids du ridicule.

Il y eut, toutefois, plus d'un lecteur qui prit au sérieux le projet annoncé dans cette lettre fantastique; il y eut des savants qui s'occupèrent des moyens de mettre à exécution ce bizarre projet.

On vit paraître dans le *Journal de Paris* une nouvelle lettre de P. Giraud, architecte du Palais de justice et des maisons d'arrêt, qui réclamait la priorité de l'invention d'un procédé pour la vitrification des ossements humains.

Cette lettre scientifique, qui n'avait rien de plaisant, fut suivie d'une autre lettre, signée Molinos, architecte, sur le même objet.

Le citoyen Molinos proposait de remplacer tous les cimetières par des catacombes, où seraient *cinérés* tous les morts de la capitale, aux frais de l'État. Les familles riches auraient le droit de faire vitrifier, à leurs frais, leurs membres décédés; les vitrifications, obtenues au moyen du feu ou autrement, pourraient être taillées en urnes, en vases, en statues, etc.

Cette incroyable lettre avait été écrite réellement par le citoyen Molinos, qui ne craignit pas de la signer, comme le citoyen Giraud avait signé la sienne.

Ces deux lettres étranges firent sensation dans la société parisienne, où l'on eut de la peine à les considérer comme authentiques.

Grimod de la Reynière, lui-même, supposa d'abord qu'il avait trouvé son maître en fait de mystification.

Mais les deux antagonistes promoteurs de la vitrification humaine n'étaient pas entrés dans la lutte pour en sortir sitôt. Ils échangèrent plusieurs lettres non moins singulières, par la voie des journaux, et cinq ou six autres savants vinrent successivement se mêler au débat.

Millin écrivit, dans une gazette, que le procédé des citoyens Giraud et Molinos n'avait rien de neuf, et que Becker, dans sa *Physica subterranea*, publiée en 1768, disait positivement que la terre provenant de la décomposition des cadavres était la plus vitrifiable de toutes.

Le citoyen M...be annonça pompeusement qu'il avait imaginé une *bonne lessive*, dite des Savonniers, propre à dissoudre les chairs humaines.

Dartigues, directeur de la verrerie de Muntzthal, donna sa recette pour changer les os de morts en porcelaine colorée.

Giraud et Molinos se disputaient toujours la priorité de l'idée.

Le premier finit par déposer, en hommage, aux archives de la Préfecture du département de la Seine, un mémoire imprimé ayant pour titre : *Les tombeaux, ou Essai sur les Sépultures*, au point de vue de la vitrification et de la cinération des corps, avec deux échantillons de verre phosphorique provenant d'ossements humains.

La dernière lettre de Giraud, publiée dans les journaux, se terminait ainsi :

« Je suis si convaincu du bien infini qui résulterait de l'exécution de mon projet, que j'ai recommandé d'avance à ma femme et à mes enfants de me faire servir d'exemple, en traitant avec un savonnier ou un chirurgien, pour séparer mes os du reste de ma dépouille ; de mettre le feu aux chairs et aux graisses, et de réunir les cendres qui en proviendront, avec mon squelette, dans le tombeau que j'ai fait construire tout exprès dans mon jardin, en attendant que mes descendants puissent faire convertir mes os en verre. »

Au Déjeuner des Mystificateurs, où Grimod de la Reynière apporta les pièces du fameux débat de la vitrification humaine, il fut décidé unanimement que le citoyen Giraud avait remporté la palme dans cette funèbre plaisanterie.

On résolut, en même temps, de ne pas laisser ainsi s'évanouir en fumée la Société des Victimes, à laquelle l'opinion publique avait donné un corps presque redoutable.

D'après le sage conseil d'un des assistants, on convint de ne plus qualifier ces Victimes de *Victimes de la Révolution*, ce qui avait éveillé les défiances et les ressentiments de l'autorité révolutionnaire; on devait dire simplement : *Société des Victimes*, pour éviter de remettre en éveil la police du Directoire, qui pouvait faire un mauvais parti aux mystificateurs.

Ces prudentes précautions furent adoptées spontanément par les convives, qui ne se souciaient pas de jouer un rôle politique.

— Je propose, dit Charlemagne, de pousser plus loin encore la prévoyance et de rayer le mot *Société*, qui a des airs de complot et qui peut être pris en méchante part. Mettons à la place quelque chose de gracieux et de mythologique, comme l'*Olympe des Victimes*.

— Que voulez-vous faire de votre Olympe? reprit Grimod de la Reynière : j'aimerais mieux la *Promenade*, le *Longchamps des Victimes*.

— Cela ne promet rien de bien curieux, répliqua Martainville. Puis, si votre Promenade mène les Victimes à la place de la Révolution, cela ne sera pas très-gai.

— En effet, nous poussons un peu trop au noir,

objecta Piis. Quand donc en aura-t-on fini avec ces mystifications de l'autre monde? Que vous semble de la *Danse des Victimes?*

— L'idée de faire danser les Victimes est excellente, s'écria Grimod de la Reynière : je me charge d'ordonner le bal et je payerai les violons. Çà, Messieurs, en avant la musique!

Le plan de la mystification fut arrêté, séance tenante, entre les convives qui se distribuèrent les rôles.

Grimod de la Reynière devait être, comme il l'avait demandé, le grand ordonnateur du Bal des Victimes.

Ce fut lui qui fit insérer, dans les *Petites Affiches*, par l'intermédiaire de cet intendant qui lui servait de grand maître des cérémonies, une annonce mystérieuse ainsi conçue :

« PREMIER BAL DES VICTIMES.

« Ce bal commémoratif et touchant, qui promet tant d'émotions délicates aux âmes sensibles, aura lieu définitivement le sextidi du troisième décadi de vendémiaire, au Jardin des Saules-Pleureurs, à Fontenay. On se réunira, dans les salles de danse, à sept heures du soir.

« La souscription restera ouverte, au prix de 5 livres, jusqu'à la fin du bal.

« Costume de rigueur, pour les citoyens et citoyennes souscripteurs : noir et blanc ; les commissaires et les ordonnateurs du bal seront seuls habillés de rouge. »

Voilà encore la police sur pied, pour savoir quel était ce bal, et quels étaient les agitateurs qui l'avaient organisé.

Il y eut, à ce sujet, des rapports extravagants, adressés au Directoire par les agents supérieurs de la Sûreté générale.

On disait, dans ces rapports, que ce prétendu bal ne devait être qu'une réunion de conspirateurs armés, royalistes la plupart, ou émissaires soudoyés par les émigrés; on assurait que ces conspirateurs avaient le projet de marcher sur Paris, s'ils se voyaient assez nombreux pour tenter un coup de main contre le Gouvernement.

On ajoutait que le signe de ralliement des auteurs du complot était une croix blanche attachée sur la poitrine et cachée sous la veste.

La Police vint donc en aide aux Mystificateurs, et les bruits ridicules qui circulaient n'émanèrent que d'elle.

On ne parlait que de ce bal, dans tout Paris : les uns le blâmaient, les autres l'approuvaient; ceux-ci étaient curieux d'y assister, à cause de la nouveauté du spectacle; ceux-là se sentaient portés, par sympathie politique, à faire partie des danseurs.

Mais, comme on le disait partout, des mesures rigoureuses avaient été prises par la police, pour que le bal n'eût pas lieu et pour que les souscripteurs fussent arrêtés en masse.

On n'arrêta personne, et il n'y eut pas la moindre apparence de bal, ni à Fontenay-aux-Roses, ni à Fontenay-sur-Bois, ni à Fontenay-lez-Louvres, ni à Fontenay-le-Fleuri, ni aux autres Fontenay, hameaux ou fermes qui se trouvent situés aux environs de Paris.

Au jour fixé, le sextidi du troisième décadi de vendémiaire, tous les Fontenay avaient été occupés militairement par des soldats, accompagnés de commissaires et d'agents de police.

Quelques badauds s'étaient montrés seulement à Fontenay-aux-Roses et à Fontenay-sur-Bois, en s'informant du jardin des Saules-Pleureurs, qu'on n'avait garde de leur indiquer, car aucun habitant de la localité n'en avait ouï parler avant ce jour-là.

Deux ou trois niais se présentèrent vêtus de deuil, avec intention de paraître au Bal des Victimes ; ils furent arrêtés et interrogés très-consciencieusement, au sujet de ce bal ; on ne put tirer d'eux le moindre éclaircissement, et on les relâcha, en les invitant à ne plus être si promps à se rendre aux invitations anonymes des *Petites Affiches*.

Le lendemain, on répandit dans le public les détails les plus étranges sur le Bal des Victimes, qui avait eu lieu, disait-on, malgré l'opposition de la police.

Des rixes étaient survenues; les souscripteurs avaient assommé quelques mouchards qui voulaient pénétrer dans la salle de danse; un commissaire de police avait été tué d'un coup de pistolet, au moment où il s'emparait des listes de souscription; enfin, la gendarmerie avait dispersé danseurs et curieux, éteint les lustres et mis fin à la fête.

On racontait surtout, avec complaisance, que les Victimes du beau sexe, tout en se conformant au costume de rigueur, étaient fort peu vêtues, tandis que les hommes en noir ressemblaient à des pleureurs à gages.

Cependant le Directoire fut averti officieusement que le Bal des Victimes n'existait que dans le bruit qu'on en faisait; or, ce bruit-là, grossissant de bouche en bouche, détournait l'attention des affaires politiques et ne pouvait que faciliter la marche du Gouvernement.

En conséquence, la Police reçut l'ordre de suspendre toutes recherches à l'égard du Bal des Victimes.

La mystification était trop bien lancée, pour que les auteurs n'essayassent pas de la mener plus loin.

Un nouvel Avis des *Petites Affiches* vint à propos entretenir la curiosité des gobe-mouches parisiens (le mot de gobe-mouches avait été mis à la mode par les mystificateurs eux-mêmes) :

« SECOND BAL DES VICTIMES.

« Le premier Bal a été, comme on le sait, interrompu par quelques désordres, qu'il faut attribuer à certains ennemis cachés des plaisirs champêtres ; ces malveillants ont été signalés à la Police, qui a promis de veiller sur leurs manœuvres coupables. Nous n'avons pas besoin de dire, en l'honneur de nos magistrats, que ce second Bal a été autorisé et que nous danserons cette fois sous la protection tutélaire de la loi. C'est le quintidi du deuxième décadi de frimaire, que les victimes des deux sexes se rassembleront, en grand costume, à onze heures du soir, dans la salle du Wauxhall d'Été, rue Samson, n° 3, au boulevard du Temple. La souscription a été fixée à 25 livres pour les hommes, à 2 livres pour les femmes, à 15 sous pour les enfants au-dessous de quatre ans. Le costume de rigueur sera le noir. »

Cet avis rencontra une foule de gens crédules qui se promirent bien d'assister à ce nouveau bal, puisque la fête avait lieu à Paris avec l'autorisation formelle de la police; mais on ne disait pas dans quelles mains la souscription devait être déposée.

Ce fut à la direction du Wauxhall d'Été que tout le monde s'adressa pour avoir des billets. La direction répondit que la salle n'était pas encore louée pour le jour désigné, et que l'on prendrait sans doute les billets à la porte en entrant.

Sur ces entrefaites, le *Journal de Paris* publia cette lettre républicaine, que les Mystificateurs du Palais-Royal auraient pu revendiquer pour leur compte :

« Citoyen journaliste, la feuille des *Petites Affiches* annonce un second Bal des Victimes; rien de mieux, quoique le premier ait vainement battu la caisse dans le désert. Les vrais républicains regardent d'un œil de pitié ces protestations burlesques des royalistes contre l'inexorabilité du fait accompli. La Révolution ne s'oppose pas à ce que les aristocrates la dansent. Mais nous ne saurions manifester trop de mépris et d'indignation à l'égard de ces mystificateurs, qui, à propos des Victimes, ou soi-disant telles, insultent le citoyen exécuteur des hautes œuvres, nommé Samson, en plaçant leur bal ou bastringue dans la rue Samson, où est le Wauxhall d'Été. Il est bon de rappeler aux vrais patriotes que ladite rue Samson doit son nom à un particulier qui y a fait construire des maisons, et nullement au citoyen exécuteur des hautes œuvres, qui ne demeure pas dans cette rue et qui n'a jamais construit que des guillotines, avec lesquelles je vous salue civiquement.

« Mutius Scévola Ripaille,
« ex-fabricant de piques. »

Cette lettre était probablement une plaisanterie, mais elle fut suivie d'une autre qui avait un auteur sérieux et respectable :

« Citoyen, tous les bons Français s'associent à l'idée qui a provoqué l'institution du Bal des Victimes. Il est bon qu'on se souvienne en France, où l'on oublie si vite ! Mais on a peine à comprendre que ce bal, qui doit réunir, sans doute, 50,000 à 60,000 individus, si la moitié des victimes de la Révolution y figure, ait été organisé dans une salle de 1,500 personnes. Je propose donc de transporter ledit bal dans le Champ-de-Mars ou dans la plaine de Grenelle, où tous les intéressés auront du moins leurs coudées franches.

« Agréez mes saluts civiques,

« Bayard, ex-grenadier du 89. »

Le Bal des Victimes étant accepté en principe, on ne discutait plus que sur la forme; les royalistes approuvaient hautement cette protestation dansante contre le passé révolutionnaire; un grand nombre de souscriptions furent recueillies; des costumes de deuil furent commandés, et les Victimes s'apprêtèrent à danser très-sérieusement, en mémoire des pertes de famille qu'elles avaient faites sous la Terreur.

Un Journal de modes publia même le dessin d'un costume de *victime*, costume qui rappelait celui des pleureuses, que David avait exécuté naguère, d'après l'antique, pour les funérailles de Marat; la tunique, le manteau, le voile, la coiffure, la chaussure en cothurne, avaient un caractère lugubre et solennel, assez peu analogue aux usages de la danse.

Mais, aussi, le Bal auquel ce costume était destiné n'avait aucun rapport avec un bal ordinaire; et, quelle que fût la rage de danser qui possédait alors la nation *thermidorisée*, on ne savait pas encore si le Bal des Victimes serait consacré à Terpsichore ou à Némésis.

Le grand jour arriva, et deux heures avant l'ouverture des portes du Wauxhall, une multitude de curieux stationnaient aux abords de l'édifice, s'entretenant du bal, de son but et de ses conséquences.

On annonça bientôt qu'il était ajourné, par suite de difficultés survenues entre les souscripteurs et les ordonnateurs.

On murmurait, on riait, on sifflait, on criait, lorsque des afficheurs percèrent la foule et vinrent placarder sur les murs un Avis aux souscripteurs et protecteurs du Bal des Victimes.

« On est averti que le Bal qui devait avoir lieu ce soir dans la salle du Wauxhall d'Été, est remis au tridi du 2ᵉ décadi de brumaire, ladite salle ne pouvant contenir tous les souscripteurs qui avaient pris des billets pour eux, leurs familles et leurs amis.

« MM. les commissaires du bal ont décidé que la fête serait divisée en deux catégories distinctes de personnes et se donnerait à la fois dans deux locaux différents. Il y aura donc le *Bal des grandes Victimes* et le *Bal des petites Victimes*.

« L'organisation de ces deux bals sera indiquée par des avis ultérieurs. »

La foule ne se retira pas, sans témoigner son désappointement par des huées et des sifflets.

Peu de jours après, on distribua des cartes et des billets d'invitation pour les deux Bals des Victimes ; ces cartes et ces billets portaient des attributs mortuaires et ressemblaient à des billets d'enterrement. Pour le Bal des grandes Victimes, le grand deuil était de rigueur; pour le Bal des petites Victimes, le demi-deuil.

Mais chacun se demandait ce qui pouvait distinguer les *grandes* et les *petites* Victimes, le programme ne s'expliquant pas encore sur la différence qu'on prétendait établir entre ces deux catégories de souscripteurs.

La feuille des *Petites Affiches* prononça son oracle sur cette grave et délicate question.

« AVIS OFFICIEL DES COMMISSAIRES DU BAL DES VICTIMES.

« On comprendra le sentiment de haute convenance qui a prescrit la division de nos souscripteurs en *grandes* et *petites Victimes*. Les *grandes* sont celles qui ont été frappées au cœur de la famille, celles qui ont perdu un père, une mère, un fils, un frère, une sœur, etc. Les *petites* sont celles qui n'ont éprouvé que des pertes collatérales d'oncles, tantes, cousins, cousines. Il n'y a pas d'autre distinction entre les Victimes, qui formeront ainsi deux classes, dans chacune desquelles régnera d'ailleurs la plus touchante égalité.

« MM. les souscripteurs sont donc invités à faire parvenir, dans le plus bref délai, leurs titres de Victimes, à M. l'archiviste, qui leur délivrera un récépissé.

« S'adresser au chevalier de Sainte-Lucie, rue de Clichy, n° 12, de trois heures à cinq. »

Ce chevalier de Sainte-Lucie n'était autre que Grimod de la Reynière, qui se faisait encore représenter par son fidèle intendant, et qui avait l'espoir de réunir de la sorte les pièces nécessaires à l'appui de sa mystification.

Ces pièces, en effet, arrivèrent, et l'on pouvait prévoir qu'il en viendrait beaucoup; mais, comme les intéressés ne se contentaient pas du récépissé qu'on leur offrait, comme ils insistaient pour conférer avec le chevalier de Sainte-Lucie en personne, Grimod craignit de se faire un méchant parti dans la société royaliste, et il renonça, quoique à regret, à rassembler la singulière collection de documents autographes, que lui promettaient la vanité et la sottise de ses Victimes.

Le chevalier de Sainte-Lucie ferma boutique et fit dire, par son concierge, que la Police avait fait une descente dans la maison et saisi tous les papiers.

Personne n'osa s'aventurer à venir réclamer les siens.

Ce nouvel épisode du Bal des Victimes déconcerta ceux qui s'en occupaient le plus, et l'on parla de quelques arrestations qui s'opéraient à la sourdine parmi les promoteurs de cette commémoration antirévolutionnaire.

On avait fait savoir officieusement, en effet, à Grimod de la Reynière, que la mystification avait duré assez longtemps, et que le Directoire y voyait des périls ou des inconvénients pour l'ordre public et la morale politique.

Ce fut alors que des entrepreneurs, dans un intérêt de lucre personnel, reprirent à leur profit l'idée du Bal des Victimes, et l'exploitèrent, sur une échelle plus ou moins restreinte, dans différents quartiers de la capitale.

Mais les Mystificateurs du Palais-Royal n'y étaient plus pour rien.

Ils se laissèrent même mystifier à leur tour, avec leur propre mystification, en apprenant qu'un Bal des Victimes s'ouvrait, tous les dimanches, dans la commune de Clamart, où se trouvait le cimetière des décapités.

A la suite d'un succulent dîner, qu'un nouvel associé leur avait donné au *Rocher de Cancale*, ils voulurent par eux-mêmes juger de quelle manière on mettait en œuvre leur création excentrique, et ils se transportèrent, en corps, à Clamart.

Un d'eux, Publicola Chaussard, a fait allusion à cette visite, dans un chapitre philosophique de son *Nouveau Diable boiteux* :

« Nous sommes parvenus, dit-il, au pied d'un vallon qui s'étend le long de l'église. Une banne jetée sur quatre perches forme le plafond de la scène : un chandelier de fer, suspendu à un bout de corde, en est le lustre ; un marchand de tisane, dans un coin ; plus loin, un garçon de cabaret avec un broc : voilà les buffets des rafraîchissements. L'orchestre est une vielle. A l'entrée, sur un poteau rouge, est écrit, sans orthographe : *Faxhall*. Eh bien ! ces figures sans expression, ces bras pendants et collés sans mouvement, ces cols roides des jeunes filles, ces trépignements sans cadence, ces bonds, ces sauts hors de mesure, ce chamaillis confus, ce bruit, qui n'est que du bruit, tout cela a sa joie. — Mais qu'avez-vous ? quelle physionomie ! Dans quelles lugubres rêveries se plonge votre esprit ? — O temps ! ô mœurs ! ô religion des tombeaux ! Regardez où nous sommes : ce Faxhall est un ancien cimetière ! »

Ainsi, ce Bal des Victimes fut le prétexte de quelques bals, de quelques réunions assez tristes, qui n'enrichirent pas leur entrepreneur et qui ne vécurent que de la curiosité des désœuvrés. Mais tout Paris était convaincu que le véritable Bal des Victimes avait existé, et qu'il se cachait, peut-être prudemment, aux regards inquiets de la Police.

Ce fut la mode qui tira parti de ce Bal imaginaire, pour inventer des coiffures, des robes, des voiles et une quantité d'élégantes bagatelles, dites *à la victime*.

Trois mois plus tard, il ne restait qu'un vague souvenir de ces modes elles-mêmes, qui avaient été adoptées, sans distinction d'opinion, par toutes les femmes, que la Révolution n'avait point affranchies de l'esclavage de la toilette.

Quant à l'origine du Bal des Victimes, elle s'était déjà tellement environnée de ténèbres, que l'archéologie historique cherchait à y porter la lumière, en s'éloignant de la vérité.

« Le premier Bal des Victimes, disait un de ces archéologues, ne fut que la reproduction d'un jeu assez lugubre, qui avait pourtant le privilége de divertir les détenus de la maison d'arrêt du Luxembourg, pendant la période la plus sanglante de la Terreur. Aux heures des récréations, on tirait au sort, pour savoir celui ou celle qui remplirait le rôle de victime ; quand le sort avait prononcé, on parait cette victime pour le sacrifice ; on la couronnait de fleurs, on lui couvrait le visage avec un voile, et on la promenait, en chantant des chansons royalistes, autour de la grande cour ; ensuite, on la faisait mettre à genoux, et tous les acteurs, se prenant par la main, commençaient à former une ronde joyeuse, que souvent venait interrompre l'Appel des véritables victimes qui devaient comparaître le lendemain devant le tribunal révolutionnaire. »

Voilà comment le Déjeuner des Mystificateurs avait quelquefois une action directe et profonde sur les mœurs et sur les événements du jour.

En certaines circonstances, la mystification trouvait des échos complaisants dans tous les organes de la publicité, et ce qui n'était qu'un vain fantôme d'abord devenait promptement un être de raison, ayant un corps visible et palpable, qui laissait des traces réelles de son existence fantastique.

## IX

Il serait trop long de passer en revue toutes les grandes mystifications qui sortirent, durant plus de quinze ans, de l'officine des Mystificateurs du Palais-Royal.

Elles avaient pour objet immédiat d'absorber et concentrer l'attention sur des événements fictifs ou sur des personnages imaginaires, de telle sorte que la Police, si défiante et si envahissante à cette époque, ne les voyait pas de mauvais œil, les favorisait elle-même quelquefois, et leur laissait d'ordinaire une complète liberté d'expansion, pourvu que la politique n'y eût jamais la moindre part.

Dans deux ou trois occasions seulement, le hasard ou quelque tentative imprudente entraîna les Mystificateurs sur le terrain dangereux de la politique, mais presque aussitôt ils furent rappelés à l'ordre et réduits à l'impuissance, par des mesures sévères ou par des avis officieux de l'autorité.

Ce n'est pas tout : il fallait, pour que la mise en œuvre d'une mystification générale ne rencontrât pas d'obstacle de la part du Gouvernement, et fût même secondée ouvertement, dans sa marche plus ou moins rapide à travers l'opinion publique, il fallait que le moment eût été bien choisi et que la mystification pût fournir un aliment inoffensif à cette impatience d'émotions, à cette inquiétude vague, à ce besoin de nouveautés, qui tourmentaient les esprits.

Il suffisait alors du sujet le plus futile et le plus ridicule, pour détourner subitement des préoccupations les plus sérieuses la nation tout entière.

Nous ne saurions donc dire si la Société des Mystificateurs fut, à son insu, un moyen habile de direction politique dans les mains de la Police, ou si la Police fit tourner à son avantage les libres et capricieuses inspirations de cette Société joyeuse.

Toujours est-il que la Mystification que nous nommerons *publique*, pour la distinguer des autres qui ne sont que *particulières* et *individuelles*, devint une sorte de réactif gouvernemental, qui servit à opérer une diversion immédiate dans le courant de l'opinion.

On pourrait peut-être retrouver les liens secrets qui unissent telle mystification célèbre à telle situation politique; on pourrait aussi rechercher quelle était l'action mystérieuse de la Police dans les faits et gestes de la Société des Mystificateurs.

Mais nous nous bornerons à signaler ici, au double point de vue du moraliste et de l'historien, l'origine probable de certaines mystifications qui partaient toujours d'une haute et intelligente initiative.

Il faut bien le reconnaître, plus d'un habitué du Déjeuner des Mystificateurs était pensionnaire de la Police.

Mais, ordinairement, les mystifications qui se tramaient à table n'avaient pas ce caractère de publicité qu'on réservait pour des cas exceptionnels : elles se renfermaient volontiers dans le cadre d'un déjeuner, et elles ne faisaient que transpirer hors de la salle du repas.

La victime et son bourreau étaient là en présence, sans avoir pris qualité l'un vis-à-vis de l'autre, et tous les convives se repaissaient avec délices des raffinements d'ingénieuse torture exercée contre le patient ; tantôt les spectateurs étaient prévenus à l'avance, tantôt on leur ménageait le charme de l'imprévu.

La meilleure mystification n'était pas toujours celle qui avait exigé le plus d'apprêt, ni celle qui se présentait sous l'aspect le plus extraordinaire.

Il ne fallait souvent que la naïve crédulité du mystifié, pour faire tous les frais de l'amusement général de l'assemblée.

Musson, le grand Musson, le roi des mystificateurs de l'époque, cette curieuse et bouffonne personnalité, qui mérite bien d'avoir sa place à part dans notre galerie de portraits historiques, daignait, de temps à autre, honorer de sa présence les Déjeuners du Palais-Royal et y servir aux convives quelque plat de sa façon.

C'était là qu'il venait essayer l'effet de certaines mystifications nouvelles, avant de les donner pour la première fois à ses admirateurs et à ses Mécènes de la finance.

C'était là, aussi, qu'il se permettait seulement un genre de mystification plus libre et plus familier qui n'aurait point été admis dans les dîners et les soupers où il déployait son talent, au prix de cinq ou six louis la séance.

On ne se piquait pas de pruderie ni même de décence aux Déjeuners du Palais-Royal, et la mystification pouvait se ressentir de la licence des mœurs du Directoire, sans effaroucher ni blesser personne.

Nous regrettons d'être forcé de nous abstenir, sur cet interminable chapitre de la plaisanterie dans laquelle Musson excellait en petit comité.

Nous nous contenterons de citer, comme spécimen du genre, avec toute la réserve nécessaire, quelques-unes des gaietés de haut goût, que l'illus-

-tre Musson apportait avec lui pour payer son écot.

Un jour, Musson avait demandé qu'on le plaçât près d'un convive, qu'il avait jugé, à première vue, digne de fournir un bon sujet de divertissement à la compagnie.

Ce convive, cependant, ne manquait ici ni d'esprit ni de bon sens; mais il avait la candeur et la bonhomie, que les mystificateurs savaient si bien faire servir à leurs malices.

C'était Nicolas Bonneville, qui fut l'ami de Fontanes, de Mercier et de Restif de la Bretonne, écrivain et poëte lui-même, mais plutôt libraire, imprimeur et illuminé.

— Comment se porte Madame votre épouse? lui dit Musson, d'un air mystérieux, en baissant la voix et affectant de lui faire des signes d'intelligence.

— Mais elle se porte bien? répondit Bonneville, étonné de cette question.

— J'en suis bien aise, en vérité, reprit Musson avec des gestes incompréhensibles, car, après son accident...

— Quel accident? répliqua vivement Bonneville.

— Et le jeune homme? lui demanda Musson, en se penchant à son oreille.

— Quel jeune homme? s'écria Bonneville.

— Son jeune homme?... Vous savez?...

— Je ne sais rien.

— Silence ! On nous écoute et l'on nous regarde.

Musson eut l'air de se recueillir et se mit à causer avec un autre voisin, tandis que Nicolas Bonneville, ému et inquiet de cette demi-confidence, devenait soucieux, se creusait l'esprit, errait de soupçon en soupçon, et ne mangeait plus.

— Citoyen, dit-il enfin à Musson qui évitait de se tourner de son côté, je ne comprends pas ce que vous avez voulu dire....

— Mon Dieu ! n'en parlons pas, interrompit le mystificateur ; j'ai eu tort de réveiller vos douleurs de mari, et je vous prie d'agréer mes excuses.

— Je vous comprends encore moins ! Qu'est-ce que vous entendez par mes douleurs de mari ?

— De grâce, mon cher Monsieur, brisons là ; je ne veux pas m'appesantir sur ce sujet, assez désagréable pour vous. Vous êtes, d'ailleurs, un homme courageux, résigné, et puis, après tout, la chose est faite !

— Expliquez-vous, je vous en prie ! Quel est ce jeune homme, que vous ne m'avez pas nommé ? Quel est l'accident dont mon épouse aurait été victime ?

— Notez que je n'ai rien dit, et pardonnez à votre femme, c'est le plus sage.

— Que je pardonne à ma femme !

— Sans doute, car vous n'êtes pas le seul mari qui se trouve dans ce cas...

— Diable! apprenez-moi quel est le cas où je me trouve sans le savoir?

— Tenez, voulez-vous que je prenne tous ces Messieurs pour juges, en leur racontant ce qui s'est passé?

— Non pas! Cela me regarde seul, et je vous prie de n'en parler à personne.

— Soit! le jeune homme n'y reviendra plus, et votre femme se gardera dorénavant d'aller seule à la cave.

Bonneville n'osait plus interroger son indiscret voisin; il craignait maintenant d'en trop savoir; il fit mine de manger de grand appétit, la tête baissée, pour cacher son embarras et sa rougeur.

— Ce jeune homme, dit-il tout à coup en s'adressant à Musson qui l'invitait paternellement à ne pas raviver ses chagrins, ce jeune homme a quitté la maison, depuis peu de jours.

— Oui; mais, avant de quitter la maison...

— Était-il caché dans la cave?

— Justement, quand votre femme y est descendue.

— Elle a dû être fort épouvantée?

— C'est ce que je ne vous dirai point, car je n'avais pas le plaisir d'y être; mais Madame votre épouse était étendue parmi les bouteilles cassées, quand on arriva à son secours.

— Elle criait donc au secours? Dieu soit loué! mon honneur est sauf!

Bonneville, rouge et confus, avait repris sa fourchette et s'en servait machinalement, de manière à ce que les morceaux se succédassent sans interruption dans sa bouche, comme s'il eût voulu s'étourdir et changer le cours de ses préoccupations conjugales.

— Et le jeune homme? demanda-t-il, en hésitant.

— Il a tout avoué au commissaire de police.

— Voilà un impudent fripon!

— Oh! il s'est bien défendu de boire votre vin, et Madame votre épouse ne l'a pas accusé non plus.

— On ne descend pourtant pas dans une cave, si ce n'est pour y prendre du vin.

— Il a juré ses grands dieux qu'il n'y serait pas descendu si votre femme ne l'avait appelé.

— Voyez, voyez le calomniateur! Oh! si j'avais été là!

— Vous auriez eu un beau spectacle, dit Musson en élevant la voix.

— Pas si haut, je vous prie.

— Imaginez, ajouta Musson sans tenir compte de la prière, imaginez une centaine de bouteilles cassées, votre épouse se débattant parmi les tessons de verre et s'écorchant de la tête aux pieds...

— Mais je n'ai pas remarqué ces écorchures?... Chut! On nous écoute, parlez plus bas!

— En un mot, le scandale a été complet, continua Musson qui haussait la voix de plus en plus et se livrait à la pantomime la plus expressive : votre femme... ce jeune homme... Vous êtes, mon cher Monsieur, un mari comme il y en a tant, comme il y en aura toujours...

Bonneville, le nez sur son assiette, tremblant et décontenancé, souhaitait de se cacher à cent pieds sous terre.

Il prétexta une affaire, qui l'obligeait à quitter la réunion, et sortit, au bruit des éclats de rire de tous les convives.

Un autre jour, Musson avait pour voisin de table le chevalier de Cubières-Palmezeaux, poëte musqué et fardé qui s'était lui-même baptisé *Dorat-Cubières*. Le chevalier, à qui la Révolution n'avait point enlevé ses airs galants et sa mise coquette, se piquait de conserver les traditions élégantes de l'ancien régime.

Musson l'attaqua, dès qu'il eut déplié sa serviette.

— Ah! Monsieur, que vous sentez bon! lui dit-il.

— En effet, répondit le poëte, c'est la poudre

à la maréchale avec laquelle on m'accommode tous les matins.

— Oh ! Monsieur, reprit Musson, où trouve-t-on cette poudre-là, s'il vous plaît? Ce n'est point à Paris, sans doute, et il faut aller jusqu'à Coblentz pour en avoir de telle.

— Je ne l'achète pas, répliqua Dorat-Cubières avec une fatuité insolente : mon amie Fanny me la donne. Vous connaissez certainement de nom la divine comtesse de Beauharnais? C'est elle que je nomme Fanny, et qui me fournit de poudres, de pommades et d'argent.

— Ah ! Monsieur, ajouta Musson, si je n'appréhendais d'être importun, je vous suivrais à la piste, du matin au soir, pour ramasser à pleines narines les odeurs que vous répandez sur votre passage !

Le chevalier de Cubières fut très-satisfait du compliment; il tira son mouchoir, en se rengorgeant, et le fit flairer à ce prétendu amateur de parfums.

Le déjeuner était, ce jour-là, peu animé; on ne parlait guère, on mangeait distraitement : on semblait attendre quelque incident qui vînt interrompre la monotonie du repas, où les esprits avaient besoin, autant que les estomacs, d'être réveillés et surexcités.

Tout à coup, Musson respira fortement en faisant une grimace qui annonçait la perception d'une odeur suspecte; il promena autour de lui un regard inquiet et l'arrêta sur le chevalier de Cubières qui ne s'expliquait pas encore cette pantomime.

— Monsieur, je ne le dirai pas, murmura Musson avec un accent de reproche, mais vous vous oubliez...

— Vous avez raison, je mange trop! répondit le chevalier, en reposant sur son assiette le morceau qu'il portait à sa bouche. J'ai le malheur de n'avoir pas un bon estomac.

— On s'en aperçoit plus qu'il ne faudrait, Monsieur, repartit d'un ton maussade le cruel Musson; vous devriez avoir plus d'égards...

— Merci de vos prudents conseils! reprit Dorat-Cubières, qui ne pouvait supposer qu'on l'accusât de manquer au savoir-vivre. Je ne mangerai plus rien.

— Plût au ciel que vous n'eussiez rien mangé, Monsieur!... Ne recommencez pas, je vous conjure.

Le chevalier ne prit pas en mauvaise part cette recommandation, et, refusant de goûter à aucun des mets qu'on lui offrait, il se jeta dans une conversation poétique qui roulait sur l'ambroisie et le nectar des dieux.

— Les plus savants commentateurs ne s'accordent pas à ce sujet, disait-il; les uns veulent que le nectar et l'ambroisie soient une seule et même chose; les autres...

— Monsieur! interrompit à demi-voix Musson, qui se bouchait le nez : vous m'aviez promis de ne pas recommencer!

— Je ne vous entends pas! répondit le chevalier, que cette injuste accusation mit hors de lui et qui ne pouvait s'empêcher de rougir.

— « Une fois passe, mais deux!... » C'est le mot du roi Louis XV à M. le marquis de Chauvelin, qui se tenait derrière son fauteuil, pendant le jeu du roi.

— Et que répondit M. de Chauvelin? demanda tout haut un des assistants.

— M. de Chauvelin ne recommença pas : il mourut d'apoplexie.

— Vous vous moquez de nous, Monsieur! s'écria le chevalier irrité : je vous couperai les oreilles!

— Par pitié, mon cher Monsieur, coupez-moi plutôt le nez!

— Messieurs, dit Cubières-Dorat prenant à témoin tous les convives qui riaient aux larmes, je me livre volontiers à l'enquête de votre odorat, et si je sens autre chose que le musc, la rose, le jasmin...

— Nous allons nommer un expert dégustateur, répliqua l'inflexible Musson en se levant de table : je déclare qu'il est impossible de rester auprès de M. le chevalier.

— En vérité, il y a une odeur insupportable ! objecta, en se levant avec fracas, l'autre voisin du chevalier.

— L'odeur est par toute la salle ! disaient les convives, qui levaient le siége l'un après l'autre. C'est une infection !

— Pour qui, diable ! me prend-on ici ? répétait en colère le malheureux chevalier, qui demeurait seul assis, et qui doutait presque de lui-même. C'est une injure, Messieurs, et que je laverai dans le sang.

— Lavez, lavez, Monsieur, repartit Musson, et tâchez qu'il n'en reste rien !

— Si j'avais seulement un bâton, je chasserais ce gros homme à l'écurie ! disait Dorat-Cubières, qui, rougissant et pâlissant tour à tour, ne savait plus à quel expédient recourir pour s'esquiver sans scandale.

Musson avait mêlé une poudre laxative au vin qu'il lui versait, et le chevalier de Cubières commençait à éprouver des coliques sourdes qui venaient compliquer étrangement sa triste position. Il n'osait bouger de sa place, et il regardait la porte avec un œil d'envie, en se demandant tout bas quel prétexte honnête il pouvait inventer, afin de se retirer immédiatement avec les honneurs de la guerre.

Les contractions de son visage correspondaient à celles de ses intestins, et Musson jugea que le patient était aux prises avec les affres de la médecine purgative.

— Pardon! mille fois pardon! Monsieur le chevalier, s'écria-t-il d'un air contrit, je vous ai accusé injustement; je confesse mon erreur et votre innocence.

— C'est bien; nous nous retrouverons! grommelait entre ses dents le chevalier, qui ne songeait qu'à battre en retraite le plus promptement possible. Messieurs, je vous fais arbitres des conditions du combat...

— Non, ne sortez pas! lui disait Musson, en le tenant à bras-le-corps et l'empêchant de se lever; acceptez mes excuses, acceptez celles de tout le monde : nous vous faisons réparation pleine et entière.

— Assez, assez, Monsieur! s'écriait le déplorable chevalier : j'ai besoin de prendre l'air pour me remettre un peu.

— Non, non, vous ne sortirez pas! répétait Musson, qui le forçait sans cesse de se rasseoir :

il faut d'abord que nous vous embrassions tous l'un après l'autre; il faut ensuite que vous nous fassiez raison le verre à la main.

— Monsieur, de grâce! s'exclamait douloureusement le chevalier de Cubières; permettez-moi de m'absenter un moment! J'étouffe, je suffoque, je me meurs...

Le féroce Musson laissa enfin le chevalier sortir, furieux et confus, au milieu des huées et des éclats de rire, quand sa présence n'était plus tolérable.

— Monsieur le chevalier! lui cria-t-il sur l'escalier : n'oubliez pas de nous faire part de ces merveilleux parfums qui font que vous flairez comme baume dans le salon de la comtesse Fanny de Beauharnais?

## X

Le Déjeuner des Mystificateurs eut son époque de décadence, après avoir eu son époque de splendeur et de gloire.

Il ne jouait déjà plus aucun rôle saillant dans le monde politique, lorsque les événements de 1814 couvrirent d'un voile de deuil la France envahie par la coalition de l'Europe, qui prenait sa revanche des victoires et des conquêtes de Napoléon I$^{er}$.

Le moment eût été mal choisi pour évoquer le génie de la Mystification en face de la patrie éplorée et sanglante.

Cependant, les alliés, qui se virent maîtres de Paris et qui tremblaient encore devant leur ennemi vaincu, eurent souvent à payer cher leur triomphe, en passant sous les fourches caudines des mystificateurs.

Nous laisserons de côté cette page, moitié tragique et moitié comique, des annales de la Mystification française, qui s'éleva parfois à la hauteur d'une vengeance nationale.

Nous ne dirons pas combien d'officiers étrangers, amenés par la curiosité dans le sanctuaire des Mystificateurs du Palais-Royal, y furent malicieusement bernés et spirituellement mystifiés.

C'étaient là d'inoffensives représailles contre des ennemis coalisés, que la fortune des armes avait favorisés en aveugle.

La plupart des anciens fondateurs de la Société du Palais-Royal ne s'y trouvaient plus alors; les uns avaient vieilli et s'étaient retirés; les autres n'existaient plus.

Le personnel de cette joyeuse association s'était donc renouvelé, et la grande affaire des nouveaux venus consistait moins dans le but primitif du Déjeuner que dans le Déjeuner lui-même.

On se réunissait pour manger et pour boire, pour causer et pour chanter, car il n'y avait pas de repas de corps sans chansons au dessert. Les chansons mirent en fuite les mystifications.

Ce fut la Police, il faut bien l'avouer, qui réchauffa, de temps à autre, la verve des Mystificateurs.

La Police de la Restauration avait naturellement les mêmes moyens d'action, les mêmes errements et aussi les mêmes hommes que la Police du Directoire. Elle se souvenait des services importants que la Mystification bien dirigée avait rendus à la politique en diverses circonstances.

C'était encore, au besoin, le dérivatif le plus puissant de l'opinion publique en France; or, sous le règne de la Charte, l'opinion publique, travaillée sans cesse par l'esprit de parti, devenait, au premier conflit qui s'élevait entre les pouvoirs de l'État, un terrible élément d'agitation et de désordre.

Il fallait donc souvent, par une ingénieuse combinaison, détourner ce courant de l'opinion, comme on détourne les eaux d'un fleuve qui menace de déborder et de dévaster ses rives.

Ainsi, toutes les fois que le pays commençait à s'émouvoir et à s'inquiéter, à l'occasion d'un acte de l'Autorité, on jetait en pâture à la multitude une de ces nouvelles extraordinaires, bizarres ou merveilleuses, que le génie des Mystificateurs pensionnés savait créer et répandre à point nommé, pour faire une diversion subite et profonde dans les esprits.

On pourrait ainsi mettre, en présence des événements de l'histoire contemporaine, la série chronologique des grandes mystifications, qui aidèrent, d'une manière indirecte, à la marche et à l'action du Gouvernement.

Ces mystifications attiraient à elles, pour ainsi

dire, comme les paratonnerres, le fluide électrique de l'opposition libérale, et empêchaient la foudre révolutionnaire de frapper les œuvres vives de la monarchie.

Ce fut à cette époque qu'on qualifia de *canards* les fausses nouvelles et les faits imaginaires que la Police secrète faisait circuler, au moyen de toutes les voix de la publicité et surtout en colportant des imprimés qu'on criait dans les rues.

On ne sait pas l'origine de cette singulière qualification donnée à ces imprimés *volants*, et, par extension, à leur objet principal.

Les a-t-on surnommés ainsi à cause de la voix enrouée des colporteurs, qui les annonçaient au public et qui en détaillaient le contenu à grand renfort de poumons?

Ce surnom de *canard* est-il venu de ce que les plumes qu'on employait pour écrire, avant l'invention des plumes de fer, étaient empruntées aux canards aussi bien qu'aux oies?

Faut-il voir, dans cette désignation des nouvelles fausses, une allusion plus ou moins motivée au Déjeuner des Mystificateurs, dans lequel on couvait la plupart de ces nouvelles, qui s'envolaient ensuite de par le monde?

Il est certain que l'expression figurée de *canards*

rappelle les transmigrations de ces volatiles sauvages qui ne se montrent en France que pendant l'hiver et qui s'enfuient devant le soleil du printemps.

Nous supposons que l'étymologie de cette expression figurée a été plus d'une fois débattue, dans les Déjeuners du Palais-Royal, en présence d'un canard aux olives.

Laissons de côté les *canards* ou mystifications que la Police secrète essaya d'exploiter, à la fin du règne de Napoléon I<sup>er</sup>, dans le but de contrebalancer l'effet des terreurs et des défiances que les royalistes répandaient dans le peuple à l'approche des armées de la Coalition.

Ne parlons pas même de l'incroyable histoire d'une femme trouvée entièrement nue sur les hautes montagnes du canton de Vic-Dessos, dans l'Ariége, histoire romanesque qui fut reproduite tout au long dans le *Journal de l'Empire*, sous la date du 17 janvier 1814, et qui occupa deux ou trois jours les entretiens des cafés et des salons de Paris.

Ne parlons que des principales mystifications qui émanèrent directement du Déjeuner des Mystificateurs, pendant la Restauration, et qui furent utilisées, sinon inspirées, par les besoins de la politique du moment.

Ainsi, ce fut au milieu de la fermentation bonapartiste de l'année 1816 qu'on imagina la *Fille à tête de mort*, laquelle eut plus de succès que la *Femme trouvée entièrement nue sur les hautes montagnes du canton de Vic-Dessos*.

La Société des Mystificateurs avait conservé une partie de ses affiliés, qui, pour avoir changé, la plupart, de camp et de livrée politiques, étaient restés fidèles néanmoins à l'esprit de leur joyeuse association.

## XI

Dans un de ces Déjeuners qui avaient toujours lieu périodiquement au Palais-Royal, on devait se divertir aux dépens de Pierre de La Mésangère, rédacteur du *Journal des Dames et des Modes*, qui avait reçu une invitation à titre de patient ou de sujet destiné à servir aux expériences de l'assemblée mystificatrice.

La Mésangère était un monomane, exclusivement adonné aux choses de la mode, à ce point qu'il n'avait pas d'autre pensée au monde et qu'il ne voyait rien au delà de la forme d'un frac ou d'une coiffure.

Il suivait avec l'intérêt le plus minutieux les révolutions du costume en France, sans se soucier des révolutions de l'État, et il croyait fermement qu'un bon tailleur, une bonne couturière et une bonne modiste étaient plus nécessaires au bonheur du peuple, qu'un bon roi, un bon ministre et un bon général d'armée.

Le jour même de la bataille de Paris, en 1814,

lorsque le canon de la butte Chaumont annonçait l'héroïque défense de l'École polytechnique et de la garde nationale, il était absorbé dans le composition d'un nouveau bonnet du matin, qu'il avait baptisé *bonnet à l'Impératrice*, et qu'il se promettait de publier dans le prochain numéro de son journal.

— On signe la capitulation de Paris, s'écrie un de ses amis, qui accourt consterné, et demain les Alliés entreront!

— Eh bien! répond flegmatiquement La Mésangère, mon bonnet s'appellera *bonnet à la Cosaque*.

La Mésangère avait dépensé des sommes fort importantes pour faire peindre une immense collection de costumes de tous les pays et de toutes les époques; il avait dilapidé son patrimoine, en commanditant plusieurs magasins de modes et de nouveautés; il avait employé tous les bénéfices de son *Journal des Dames et des Modes* à faire graver des portraits historiques qui l'intéressaient surtout au point de vue de la coiffure.

Dans l'état de gêne où il se trouvait, il ne se décida qu'à regret à vendre la propriété de son cher journal, ou du moins à chercher un associé qui contribuât aux frais de la publication.

— J'ai appris que vous aviez le projet de vendre

le *Journal des Dames et des Modes?* lui dit un des convives.

— Sans doute, si l'on me faisait une offre suffisante, répondit en soupirant La Mésangère ; mais je voudrais, même en cas de vente, publier encore une vingtaine de modèles de chapeaux, de bonnets et de coiffures, qui m'ont coûté bien des frais d'imagination...

— Tenez, interrompit un voisin, voici justement une personne qui fera l'affaire : M. le baron de Vanhove.

— Oui, Monsieur, reprit le soi-disant baron de Vanhove, je veux acquérir ou fonder à Paris un journal de modes.

— M. le baron ne sait donc pas que j'ai consacré plus de 50,000 fr. à la fondation de mon journal ! objecta La Mésangère, satisfait et triste à la fois de rencontrer un acquéreur. C'est qu'il faut aimer les modes avec passion, pour faire de pareils sacrifices ! Achèteriez-vous le journal, pour vous ?

— Pour moi et pour ma fille ! répliqua le baron avec un nouveau soupir plus profond que le premier.

Ce soupir intrigua tous les assistants, qui regardèrent le baron avec curiosité. Celui-ci s'était remis à manger en silence, et par moments on l'entendait soupirer encore.

Le voisin de M. La Mésangère lui dit à demi-voix de ne pas irriter la douleur de ce malheureux père, en lui adressant des questions indiscrètes. Là-dessus, le directeur du *Journal des Dames et des Modes* demanda des explications à ce voisin complaisant.

— Comment, vous qui écrivez des gazettes, répondit le voisin qui avait un programme tracé à l'avance, vous ne connaissez pas le fameux baron de Vanhove, qui habite Paris depuis six mois?

— Je ne connais que l'acteur qui porte le même nom, dit La Mésangère.

— Bon! que nous parlez-vous là d'un acteur! Le baron de Vanhove est un grand seigneur suédois qui possède un revenu de plus d'un million, et qui voyage avec sa fille unique qu'il chérit tendrement...

— Et cette fille unique est passionnée sans doute pour les modes françaises?

— Passionnée, c'est le mot; elle ne rêve que robes, chapeaux, bonnets et guimpes; elle se fait suivre, dans ses voyages, de tout un atelier de modistes, couturières, fleuristes, coiffeuses; elle dépense, tous les ans, deux ou trois cent mille francs pour sa toilette.

— Deux ou trois cent mille francs! s'écria La Mésangère émerveillé; les reines ne dépensent pas autant.

— Il est vrai; mais les reines ont d'autres

distractions, d'autres loisirs. Quoi! vous ne savez donc pas que la fille du baron de Vanhove est affligée d'une effrayante infirmité?

— Quelle infirmité? Elle est sourde et muette, aveugle, boiteuse, manchote?

— Vous n'y êtes pas!... Mais, de grâce, ne chagrinons pas le pauvre baron, qui nous écoute... Il faut pourtant que vous soyez prévenu, en cas qu'il veuille vous présenter à sa fille... Apprenez que cette infortunée est venue au monde avec une tête de mort!

— Une tête de mort! répéta le journaliste stupéfié. Et vous dites qu'elle fait de la toilette?

— Comme une folle, du matin au soir. Mais je vous enverrai une note, pour votre journal, sur cette fille à tête de mort, qui est, d'ailleurs, à la figure près, une délicieuse créature.

La Mésangère ne douta pas de la réalité du renseignement qu'on lui communiquait dans l'intérêt de ses relations futures avec le baron de Vanhove; il remercia son voisin et le pria de ne pas oublier la note qu'il lui avait promise au sujet de cette fille à tête de mort.

Il ne se leva pas de table, sans avoir pris rendez-vous avec le baron pour traiter de l'acquisition totale ou partielle du *Journal des Dames et des Modes*.

Le rendez-vous eut lieu, le lendemain, dans le jardin du Palais-Royal.

— Vous demandez, je crois, dit le baron, cinquante mille francs pour prix de votre journal?

— Je ne le vendrai qu'à contre-cœur, et je serais heureux de garder la direction du recueil.

— Je compte bien vous la laisser tout entière, après vous avoir payé la propriété un million...

— Un million? Il y a ici un malentendu, ou bien vous voulez vous divertir à mes dépens...

— C'est une affaire conclue : je vous donne un million et vous épousez ma fille...

— Votre fille! murmura La Mésangère, qui baissa la tête et tressaillit. Votre fille, reprit-il, celle qui...

— N'est-ce pas ainsi que vous l'entendez? On m'a dit que vous consentiez à ce mariage, qui me convient parfaitement et qui ne conviendra pas moins à ma fille.

— Mais, Monsieur le baron, je n'avais pas l'idée de me marier encore, et d'ailleurs il faut réfléchir...

— Bah! vous réfléchirez après, et vous aurez un million, avec une femme charmante.

— Charmante! On m'avait parlé d'une infirmité... bien étrange... qui la défigurait...

— C'est vrai, mon cher Monsieur, mais vous ne serez pas longtemps à vous y accoutumer; le jour elle porte un masque, toujours un masque ; elle ne l'ôte que la nuit...

— Je me sens plein de bonne volonté, je suis même aussi bien disposé que possible, mais j'ai besoin de voir, avant de m'engager. Mademoiselle votre fille est sans doute instruite et spirituelle ; elle ne trouvera pas mauvais que je veuille la connaître. Est-ce que vraiment la pauvre jeune personne est aussi disgraciée qu'on le dit ?

— Elle ne quitte jamais son masque, mais nous le lui ferons quitter un moment, pour que vous la voyiez en face. Venez demain rue de Grenelle-Saint-Germain, n° 360, à midi : ma fille vous recevra sans masque.

La Mésangère était un peu troublé de cette proposition matrimoniale, et il avait beaucoup à faire pour se familiariser avec l'idée d'épouser une femme à tête de mort.

Le soir, on lui adressa la note qu'il avait offert de publier dans son journal,

Cette note était ainsi rédigée :

« On ne parle dans tout Paris que de la fille à tête de mort. C'est la fille unique d'un seigneur étranger, riche de plusieurs millions. Le père est venu à Paris exprès pour la marier avec un Français qui lui paraîtra digne de faire le bonheur de cette jeune et intéressante infortunée.

« Olympe, c'est le nom de la demoiselle; elle a vingt ans, elle est faite au tour, elle a de quoi charmer quiconque ne la regardera pas au visage. Son port est si majestueux, sa démarche est si gracieuse, ses formes sont si élégantes, qu'on ne peut s'empêcher de la suivre des yeux et de la pensée, lorsqu'elle passe voilée et masquée.

« Depuis qu'elle est à Paris, elle évite de sortir dans la rue en plein jour, de peur que son masque ne la fasse remarquer.

« Ce masque, il faut bien le dire, cache la plus épouvantable figure, une véritable tête de mort; les yeux sont caves et semblables à des trous sans orbites; le nez manque absolument; la bouche est sans lèvres, toujours ouverte et grimaçante; la peau, collée sur les os, accuse le galbe du squelette; elle a les dents noires et dénuées de gencives, les cheveux rares et grisonnants, les sourcils chauves et les oreilles absentes.

« Rien ne peut rendre l'impression produite par cette tête de mort sur un corps vivant et admirable.

« Aussi, la triste Olympe ne détache-t-elle jamais son masque.

« On dit même que ce masque est fermé à l'aide d'une serrure d'or, et que la clef de cette serrure est toujours dans les mains du père.

« Il est certain qu'Olympe est née avec cette tête de mort. Voici ce qu'on raconte de sa naissance :

« Sa mère avait eu la faiblesse de trahir la foi conjugale; elle ne voulut pas que le complice de sa faute fût témoin de sa honte et de son repentir : elle le pria de s'exiler volontairement. Mais le mari, jaloux et furieux, les surprit dans leurs derniers adieux; il tua l'amant, sous les yeux de l'épouse infidèle, et ensuite il fit embaumer la tête du mort, qu'il plaça derrière une glace dans la chambre de la coupable. Celle-ci, à force de contempler cette horrible tête, en donna l'empreinte à l'enfant qu'elle portait dans son sein. Elle mourut en le mettant au monde, et le père, qui ne se pardonne pas sa cruauté, a juré de marier sa fille avec le premier homme qui en deviendrait amoureux.

« Cette jeune personne serait, en effet, charmante, si l'on pouvait oublier sa figure; elle est mise avec un goût exquis, et elle exécute toujours la première, pour son usage, les coquettes inventions du *Journal des Dames et des Modes.* »

La Mésangère fut très-sensible à cette dernière particularité, qui diminuait à ses yeux les inconvénients de la laideur d'Olympe; l'éloge allait, d'ailleurs, droit à l'adresse du directeur du *Journal des Dames et des Modes.*

Il se dit, à part lui, que le goût et l'élégance de la toilette remédieraient aux défauts de la nature, et que cette fille à tête de mort n'était peut-être pas aussi radicalement affreuse qu'on la lui annonçait.

Il voyait Olympe déjà dans la perspective d'un million de dot et il se familiarisait presque avec cette tête de mort qui lui apparaissait à peine au milieu des dentelles.

Il se trouva donc presque résolu à épouser, en restant propriétaire de son journal.

Ce fut probablement par distraction, qu'il envoya, le soir même, à l'imprimerie du *Journal des Dames et des Modes*, la note qu'on lui avait transmise, et qui fut insérée textuellement dans le plus prochain numéro du recueil, sous ce titre : *Avis sérieux aux célibataires*.

Mais déjà La Mésangère s'était mis en campagne, pour retrouver son capitaliste et futur beau-père.

Il avait alors cinquante-six ans, et il s'habillait encore comme un jeune homme, avec toute la recherche d'un directeur de journal de modes.

Ce jour-là, en raison de la circonstance, il s'était mis en frais de toilette : pantalon de nankin collant, bas chinés, souliers à boucles vernis, gilet de piqué blanc à revers, habit bleu barbeau à boutons d'or, jabot et cravate de dentelle.

Il s'en alla jusqu'à l'extrémité de la rue de Grenelle, demandant de porte en porte ce n° 360, qui n'existait pas, car le dernier numéro des maisons de cette rue n'allait pas au delà de 220. Il accusait d'infidélité sa mémoire, et il s'enquit de la demeure du baron de Vanhove, que personne ne connaissait de nom.

Après cette enquête infructueuse, loin de se décourager, il se remit à interroger les concierges dans leurs loges, les marchands dans leurs boutiques, les commissionnaires au coin des rues, pour savoir si l'on n'avait pas ouï parler d'une Fille à tête de mort.

Ce fut dans ce moment que la Mystification prit tout à coup des proportions gigantesques.

La rue de Grenelle avait été occupée stratégiquement par les mystificateurs, qui précédaient La Mésangère et qui allaient, avant lui, adresser les mêmes questions aux portiers, aux marchands et aux commissionnaires, que le pauvre La Mésangère venait questionner ensuite.

On comprend qu'il ne pouvait pas être bien reçu de la part de tous ces gens-là, qui s'étaient étonnés d'abord et qui n'avaient pas tardé à s'apercevoir qu'on se moquait d'eux. Les plus malins et les moins grossiers prenaient la chose en plaisantant, et renvoyaient, tantôt à droite, tantôt à gauche, le malheureux questionneur.

— La Fille à tête de mort! Nous ne connaissons que ça, répondait un portier; allez au n° 6.

— Ce n'est point ici qu'elle loge, répliquait le concierge du n° 6; elle a quitté la maison depuis longtemps : on vous donnera son adresse au n° 150.

— La Fille à tête de mort est partie hier pour la Russie, lui dit-on au n° 150; il faudrait voir au n° 3.

— Elle a été enterrée hier, lui dit-on au n° 3.

— Allez-vous-en à tous les diables, avec votre Fille à tête de mort! s'écriait un vieux portier qui n'entendait pas la plaisanterie.

— Si vous revenez encore m'ennuyer avec cette bêtise-là, répliquait un autre, je vous donnerai la chasse à coups de balai.

Qu'on s'imagine l'émotion et la rumeur, que devait produire dans la rue de Grenelle cette histoire merveilleuse de la Fille à tête de mort, que vingt ou trente personnes allaient colportant de maison en maison.

Il y avait beaucoup d'incrédules sans doute, mais il y avait aussi un plus grand nombre de bonnes gens qui donnaient créance à cette fable, que son caractère étrange recommandait à leur curiosité.

La Mésangère, obstiné et patient dans ses recherches, ne les suspendit qu'après les avoir continuées, pendant plusieurs heures, d'un bout à l'autre de la longue rue de Grenelle. Il se promit de les recommencer, dès qu'il aurait de nouveaux renseignements sur le baron de Vanhove, qu'il ne soupçonnait pas d'être le principal acteur de la mystification.

Mais, le soir même, cette mystification avait atteint son apogée, et la Police, qui jugea utile de se l'approprier immédiatement, faisait crier dans tout Paris, par des aboyeurs patentés, l'*Étonnante aventure d'une Fille à tête de mort, qui demande un mari et qui promet un million de dot à son futur époux.*

Ce placard reproduisait la plupart des détails qu'on avait communiqués à La Mésangère dans une note anonyme.

Le lendemain et les jours suivants, le même *canard* fut réimprimé, crié et colporté sous différentes formes, et la vente de cinquante mille exemplaires de cette feuille volante témoigna de l'empressement des badauds.

Le portrait de la Fille à tête de mort, gravé en bois avec la naïveté de ce genre d'images, figurait sur les placards, qui ne manquaient pas d'indiquer aux prétendants l'adresse de cette singulière fille à marier; l'adresse, toutefois, changeait dans chaque édition de ce prodigieux *canard*, que la Police multiplia tant qu'elle put, non-seulement à Paris, mais encore par toute la France.

La rue de Grenelle était toujours, en général, le lieu ordinaire de la résidence de l'héroïne; quant au numéro de la maison, il variait de 1 à 220.

Tous les placards se terminaient ainsi :

« Les jeunes gens de famille, ayant de bons répondants et possédant quelques avantages personnels du côté de la figure, de l'esprit et des talents, sont invités à faire connaître par écrit leurs intentions, avant de se présenter chez l'aimable et infortunée Olympe de Vanhove, qui les recevra masquée et n'ôtera son masque que le lendemain du mariage. »

On ne saurait croire combien de curieux, de badauds, d'intrigants et d'oisifs firent des démarches pour obtenir d'être reçus par la *jeune infortunée*, et se posèrent en prétendants sérieux.

Du matin au soir, la rue de Grenelle était littéralement envahie par une foule d'individus qui s'introduisaient dans les maisons, obsédaient les portiers et les domestiques, examinaient les fenêtres et faisaient le pied de grue devant les portes.

Il y eut plus d'un habitant de cette rue, qui déserta son domicile pour échapper à cette persécution inquisitoriale, dans laquelle la Police trouvait aussi son compte.

Les étalages des marchands d'estampes étaient couverts de portraits *authentiques* de la Fille à tête de mort, et l'on chantait, dans les carrefours, sur un air *connu*, avec accompagnement d'orgue de Barbarie, une complainte qui commençait ainsi :

> O vous que l'hymen provoque ;
> Venez, messieurs les galants !
> Accourez, petits et grands,
> De tous les bouts de l'Europe,
> Pour épouser sans remord
> La Fille à tête de mort.

Cette Fille à tête de mort continua de faire son chemin dans le monde, sans que la Police, qui l'avait patronnée d'abord, s'occupât d'elle; les relations, les complaintes, les placards se multiplièrent, et le peuple, toujours avide de merveilleux, s'empara de l'anecdote pour la commenter à sa guise.

C'est ainsi que la Fille à tête de mort eut la

vogue en France pendant plus de dix ans; il n'y a pas longtemps qu'on la voyait encore dans les cabinets de figures de cire et dans les tableaux des champs de foire.

## XII

La Mystification politique ou plutôt policière de la Restauration suivait son cours et changeait sans cesse de visée.

La Fille à tête de mort avait bientôt fait place aux Piqueurs.

Cette fois, le jeu passa la plaisanterie.

Mercier, dans son *Tableau de Paris*, a mis au pilori un certain chevalier de Saint-Louis, qui parcourait les rues de la capitale, avant la Révolution, en distribuant de légères *tapes* aux femmes qu'il obsédait de ses poursuites indécentes ; son étrange et audacieuse manie lui avait fait donner un assez vilain nom, sous lequel il était connu des gens du peuple, qui le huaient et le menaçaient, chaque fois que le cri d'une femme insultée dénonçait la présence du *tappeur* sempiternel.

Ce chevalier de Saint-Louis disparut dans la tourmente révolutionnaire, comme tant d'autres ; mais il avait laissé des élèves ou des imitateurs, qui se signalèrent avec effronterie, depuis le Directoire jusqu'à la fin de la Restauration.

Les modes des femmes du Directoire, en effet, encourageaient les insolentes entreprises de ces maniaques libertins, qui semblaient avoir pour but de faire ressortir l'inconvenance et le danger des robes transparentes et des jupons étroits.

On fut bien surpris de lire dans un journal (c'était pendant l'hiver de 1818) :

« Un fait des plus extraordinaires a mis en émoi les nombreux promeneurs qui se pressaient hier dans la grande allée du jardin des Tuileries. Deux dames, appartenant à la classe aisée, l'une jeune, l'autre plus âgée, toutes deux voilées, étaient assises sur un banc de pierre, sous les arbres. Un homme, d'une tournure militaire, portant à sa boutonnière le ruban de la Légion d'honneur, avait été remarqué passant et repassant derrière ces deux dames.

« Tout à coup il s'approcha d'elles, se pencha comme pour leur parler, et s'enfuit, au cri que poussa la plus jeune des deux. Celle-ci était tombée évanouie, sans qu'on pût soupçonner la cause de son évanouissement subit. On la transporta sans connaissance au château des Tuileries; un médecin fut appelé pour lui donner des soins. On constata qu'elle avait été frappée au bas des reins, avec un instrument aigu et tranchant, qui s'était enfoncé de quatre ou cinq lignes dans les chairs. Cette dame, en reprenant ses sens, a déclaré qu'elle ne connaissait pas l'auteur de cet attentat aussi odieux que bizarre. »

Le fait était assez extraordinaire pour occuper l'attention publique : on le répéta, on le commenta dans les cafés et dans les salons.

Deux jours après, un journal racontait un nouveau fait du même genre.

« L'individu qui avait blessé une femme dans le jardin des Tuileries, et que la Police n'a pas encore pu découvrir, s'est signalé par un second attentat plus audacieux que le premier. Une femme traversait le jardin du Palais-Royal, accompagnée de son mari. Un individu, qui paraissait la guetter au passage, l'a suivie, à quelques pas en arrière ; puis, au moment où elle entrait dans le passage obscur des Galeries de bois, il s'est précipité sur elle et l'a frappée. La malheureuse a poussé un cri, en se retournant vers l'assassin, qui s'est dérobé à l'indignation des assistants. On a fait entrer cette dame dans une boutique, et l'on a examiné sa blessure : c'était un coup de stylet au-dessus de la hanche gauche. Il a fallu ramener chez elle sur un brancard la victime de ce lâche guet-apens. »

Le lendemain, on lisait dans tous les journaux :

« La Justice est sur les traces du scélérat qui a blessé deux femmes au jardin des Tuileries et au Palais-Royal : c'est, dit-on, un ancien officier de l'armée de la Loire. On pense qu'il ne jouit pas de l'usage de sa raison. »

Cet ancien officier de l'ex-garde impériale ne fut point arrêté, bien entendu, et le nombre des femmes piquées ne fit que s'accroître dans la capitale.

Tous les jours, dans les journaux, on mentionnait, avec plus ou moins de détails, des attentats semblables commis sur des femmes et même sur des enfants, dans des lieux publics, en plein jour et sous les yeux d'une quantité de témoins, qui ne parvenaient pourtant pas à se saisir des coupables et qui ne pouvaient que s'indigner en présence des victimes.

— « Hier, deux femmes ont été piquées dans la rue de... »

— « A la sortie de l'Opéra, trois personnes ont été piquées, dont une très-grièvement. »

— « On a poursuivi, dans les Champs-Élysées, un *piqueur* qui avait attaqué une dame, que l'étoffe de sa robe de soie a préservée heureusement du coup que ce misérable lui destinait. »

— « La rage des *piqueurs* ne connaît plus de limite : une petite fille de six ans, qui jouait devant la boutique de son père, dans la rue Ville-dot, a été cruellement piquée à la cuisse, par un homme portant moustaches et décoré. »

C'était toujours l'officier de l'ex-garde impériale, l'archétype des *piqueurs*, qu'on faisait reparaître de temps à autre et que la Police n'atteignait jamais. Cette épidémie *piquante* dura plus de quinze jours et absorba toute autre préoccupation du moment.

On ne parlait que de *piqueurs* en moustaches et de femmes piquées.

Les femmes n'osaient plus sortir et ne s'aventuraient dans la rue qu'en regardant à chaque pas derrière elles; les hommes ne demandaient qu'une occasion pour assommer un *piqueur*, sur la place, et pour constater ainsi l'existence de ces abominables ennemis du beau sexe.

Deux ou trois individus, en conséquence, furent assommés ou du moins très-maltraités, parce qu'ils avaient été accusés, en pleine rue, de faire partie de la bande des *piqueurs*.

Quelques mauvais plaisants qui s'étaient avisés de mettre la main à la mystification faillirent payer cher cette périlleuse facétie.

Enfin, tout Paris, toute la France, toute l'Europe crurent aux *piqueurs* et à leurs détestables exploits.

La Justice, qui avait dû intervenir et remonter à la source de l'histoire des *piqueurs*, constata que personne n'avait été piqué; mais on n'essaya pas néanmoins de faire revenir l'opinion sur ce sujet qui avait produit plusieurs milliers de piqûres imaginaires.

Le but, d'ailleurs, était rempli : le gouvernement des Bourbons, qui vivait au jour le jour, avait obtenu, grâce aux *piqueurs*, une trêve de trois semaines au milieu des luttes irritantes d'une crise ministérielle.

La mystification des *piqueurs* eut cela de bon, qu'elle fit disparaître complétement les impertinents successeurs du fameux chevalier de Saint-Louis, qui avait été si longtemps la terreur des femmes dans les rues de Paris.

Un nouveau changement de ministère évoqua une mystification plus inoffensive.

Le bruit courut, tout à coup, qu'il tombait une pluie d'or dans le passage du Saumon.

La foule fut grande pour voir et entendre tomber cette pluie-là.

Dès six heures du soir, le passage était envahi par une telle affluence que la circulation y devenait impossible, et que ceux qui avaient pu y pénétrer se trouvaient réduits à n'en pas sortir avant minuit.

La plupart des boutiques restaient fermées, et les spectateurs attendaient, pressés les uns contre les autres, que la bienheureuse pluie métallique descendît sur leurs têtes.

On s'agitait, on s'étouffait, on vociférait, mais l'or ne se montrait guère.

Par intervalles, quelqu'un lançait, d'en haut ou d'en bas, dans les vitrages, une poignée de gros sous, et chacun de s'écrier, de se pousser, de se culbuter.

On assurait cependant avoir ramassé des doublons et même des quadruples d'Espagne.

L'événement avait lieu, il est vrai, aux approches de l'intervention française en Espagne, et l'opposition libérale n'aurait pas trouvé d'écho, si la pluie d'or avait pu retentir tous les soirs sur le pavé de Paris.

Le passage du Saumon fut bientôt abandonné, quand on s'aperçut que la fable de Danaé n'avait plus de raison d'être dans la mythologie de la Police.

Mais la multitude d'oisifs et de curieux qu'on avait vue s'agglomérer dans le passage du Saumon n'hésita pas à prendre le chemin de la rue Fromenteau, lorsqu'il fut question de bruits souterrains qu'on y entendait, depuis le coucher du soleil jusqu'au point du jour.

Ces bruits ressemblaient, disait-on, au mouvement régulier d'un balancier qui frappe de la monnaie.

C'était sans doute la pluie d'or du passage du Saumon, qui se monnayait ainsi dans les caves de la rue Fromenteau.

Cette rue, qui a disparu aujourd'hui pour faire place au nouveau Louvre, était bien la plus sale, la plus hideuse, la plus mal famée des vieilles rues de Paris.

Cependant tout le monde y alla, même les femmes les plus honnêtes, pour se convaincre de la réalité de ces bruits souterrains, que chaque assistant interprétait à sa manière.

Pour les uns, c'était un atelier de faux-monnayeurs; pour les autres, un torrent qui avait fait irruption dans les Catacombes; quelques-uns imaginaient un écho; plusieurs parlaient d'un volcan en travail.

Les badauds étaient là, immobiles, silencieux, l'oreille tendue; puis, un plaisant ou un incrédule s'écriait à haute voix : « Écoutez ! » et bientôt un murmure confus annonçait que tout le monde avait entendu ce bruit imaginaire qui se renouvelait périodiquement sous le sol de la rue Fromenteau.

Les savants se mêlèrent d'expliquer ce qui

n'était qu'une mystification destinée à donner un aliment à l'esprit public, pendant les débats peu parlementaires de la Chambre des députés.

Ils prétendirent que ces bruits souterrains devaient être produits par le vent, qui s'engouffrait dans les profondeurs inconnues d'anciennes carrières.

Les habitants des rues voisines commençaient à s'épouvanter et à déménager, craignant d'être engloutis avec leurs maisons. Le commissaire de police du quartier leur fit dire de se tranquilliser; il y eut des visites et des procès-verbaux dans les caves; les architectes de la ville déclarèrent que le terrain était solide et qu'on pouvait loger sans inquiétude, même dans la rue Fromenteau.

Déjà on ne pensait plus aux bruits souterrains et la foule empressée des badauds s'en était allée ailleurs.

Deux ans après, elle se porta plus nombreuse, plus compacte, plus inquiète que jamais à l'entrée de la rue d'Enfer, vis-à-vis de la boutique d'un pauvre épicier qui avait le diable chez lui.

C'était là une mystification sur une grande échelle.

L'épicier, aussi honnête qu'un épicier doit l'être, bon époux, bon père, bon garde national, avait vu tout à coup sa boutique hantée par les esprits.

Ces esprits-là devaient avoir en haine les épiciers en particulier et l'épicerie en général; ils s'amusaient à jeter des pierres dans les vitres du malheureux industriel, qui tenait bon pourtant dans sa boutique et refusait de quitter le théâtre des malices du démon. Il s'arrachait les cheveux et se tordait les bras de désespoir; chaque fois que les cailloux lancés par des mains invisibles venaient mettre en pièces ses pots de confiture, ses bouteilles de rhum et ses bocaux de cerises à l'eau-de-vie.

La chose était assez neuve et assez extraordinaire, pour que tout ce que Paris renferme de désœuvrés et de curieux voulût être témoin de cette scène de diablerie, qui se passait au grand jour, au milieu des pains de sucre et des paquets de chandelles.

L'épicier de la rue d'Enfer devint le *lion* du moment.

Pendant plus de dix jours, la pluie de pierres continua sans interruption, sous les yeux d'une foule considérable qui assistait avec émotion à ces jeux de l'esprit malin.

Tout était sens dessus dessous dans la boutique; la maison et les maisons voisines n'avaient pas conservé une vitre intacte; car le voisinage du diable est toujours fâcheux, même pour des anges.

Il est vrai que, dans le voisinage, une société secrète de jeunes libéraux tenait ses séances et préparait d'autres batteries que celles qui mettaient à mal la boutique de l'épicier.

Le diable ne fut pas pris en flagrant délit et l'on n'arrêta que des esprits forts, qui ne croyaient pas au diable, mais à la Police. Celle-ci avait profité de la rumeur causée par cette pluie de cailloux, pour épier les projets des conspirateurs et pour empêcher une émeute, sinon une révolution.

Il est probable que l'épicier fut indemnisé de tous les dégâts qu'on lui avait causés dans l'intérêt du gouvernement constitutionnel; toujours est-il que, dès que les curieux se furent retirés en même temps que les diables *lapidateurs*, il fit restaurer sa boutique, repeindre son enseigne, rétablir ses vitres et renouveler ses provisions; le diable lui avait porté bonheur, car il prospéra depuis dans son commerce, et il est mort en bon épicier, après la révolution de 1830.

Mais déjà, deux années avant cette Révolution, qui pourrait être comprise jusqu'à un certain point dans l'histoire des mystificateurs et des mystifiés, la Police secrète, ou plutôt ce qu'on nommait la Direction de l'esprit public, avait trop abusé de la Mystification comme moyen de gouvernement, pour que ce moyen-là eût conservé sa puissance et son efficacité.

L'Opposition avait mis en garde les citadins contre les piéges qu'on tendait à leur crédulité, et la Mystification, naguère si active dans les basses œuvres de l'Autorité, devenait inutile et dangereuse pour ceux qui l'employaient, « au profit du trône et de l'autel, » comme on disait alors dans le langage officiel de la rue de Jérusalem.

Il ne fallait qu'un coup de maladroit pour mettre tout à fait hors de service un levier moral, qui avait tant de fois déplacé l'opinion, et soutenu l'édifice monarchique prêt à s'écrouler.

À cette époque, le règne de Charles X, qui avait eu des préludes de si bon augure, s'entourait de nuages sinistres, et s'avançait vers un abîme effrayant de réaction politique; le ministère Martignac venait de s'évanouir, comme un fantôme d'espérance, et le trône des Bourbons, fondé par la Coalition étrangère sur les débris de l'honneur national, craquait de toutes parts.

Tous les yeux étaient fixés sur l'avénement du système ultra-royaliste, tous les esprits s'inquiétaient, s'irritaient, s'épouvantaient.

La Police secrète demanda un dernier secours au Déjeuner des Mystificateurs, dans lequel il n'y avait plus de gaieté ni d'imaginative.

On tint table ouverte, plusieurs jours de suite, sans pouvoir inventer quelque chose de neuf, de piquant et d'ingénieux.

Enfin, un jeune avocat, nommé J..., qui s'était fait recevoir mystificateur depuis peu de déjeuners, et qui avait en lui le feu sacré de la Mystification, annonça qu'il se faisait fort, à lui seul, de donner de l'occupation aux esprits pendant dix jours. Il ne voulut avoir ni confidents, ni complices, parce qu'il avait peur des traîtres et des indiscrets ; il ne dit rien de ses plans et il annonça hautement que, pour agir sur Paris, il allait partir, le soir même, pour Bruxelles.

On apprit, le lendemain, qu'il était parti et qu'il ne reviendrait qu'au bout de quinze jours.

C'était donc de Bruxelles que devait venir la Mystification.

Rien ne venait pourtant, et l'on crut que J... n'avait mystifié que ses confrères.

Mais voici que les journaux royalistes publient la note suivante :

« Hier soir, une balle de plomb, qui paraît avoir été lancée par un fusil à vent, est entrée, en brisant une vitre, dans les magasins du Grand-Colbert, rue de Seine, au moment où les commis étaient en train de plier les étoffes et de fermer les volets. Cette balle, heureusement, n'a atteint personne ; elle s'est logée dans une pile de draps, sans faire aucun dégât. On ne sait à qui attribuer cette tentative de meurtre, dirigée sans doute contre un des employés du Grand-Colbert. »

Cette note fut à peine remarquée, au milieu de l'agitation que produisait la création du ministère Polignac.

Une nouvelle note, qui parut le lendemain dans les journaux subventionnés, était ainsi conçue :

« L'événement mystérieux qui avait ému si vivement avant-hier tout le faubourg Saint-Germain, s'est reproduit hier, dans deux quartiers opposés : une balle morte est tombée aux pieds d'une jeune modiste, dans la rue Vivienne, après avoir brisé une vitre et la lampe qui éclairait la boutique ; dans la rue de la Chaussée-d'Antin, un coup de fusil à vent a été tiré contre le propriétaire d'un magasin de dentelles. La Police est à la recherche des auteurs de ces criminels attentats. »

Il y avait, dans ces événements répétés, un mystère qui était bien propre à éveiller la curiosité et à entretenir une sorte d'inquiétude parmi le public ; on attribuait déjà l'usage des fusils à vent, dans la capitale, à l'existence d'une société secrète de Carbonari, qui avaient juré de faire tomber sous leurs coups les bons citoyens et les vrais royalistes.

On lisait dans un journal :

« Il a été fabriqué, en Angleterre, pour le compte d'une bande de conspirateurs français, quatre cent soixante fusils à vent, qui sont arrivés en France par les frontières de la Belgique. Cette quantité d'armes prohibées explique le retour fréquent des attentats qui ont jeté la terreur dans plusieurs quartiers de Paris. »

Les nouvelles se succédaient.

« Hier soir, on a recueilli vingt-cinq balles dans le seul magasin de nouveautés qui porte l'enseigne de *Monsieur Pigeon*, rue de Seine. Personne n'a été blessé, mais les vingt-cinq balles ont été déposées chez le commissaire de police. »

Tous les soirs, en effet, des balles et des chevrotines arrivaient dans les magasins, en brisant les vitres, sans être accompagnées d'aucune explosion; l'effroi se répandait parmi la gent boutiquière qui était toujours le point de mire de cette artillerie innocente.

Mais, un soir, la Vérité toute nue fut tirée hors du puits où elle se cachait.

Trois demoiselles de boutique causaient ensemble à voix basse dans un magasin de modes de la rue de l'Ancienne-Comédie ; elles parlaient sans doute des effroyables tentatives de meurtre, qui se renouvelaient tous les soirs contre les patrons et les commis du commerce parisien.

Soudain cinq balles font voler en éclat les vitres de la boutique et atteignent les trois modistes qui se croient frappées à mort et poussent des cris déchirants.

En ce moment même, un curieux regardait à travers les vitres, tout absorbé dans la contemplation de ces trois jolis minois.

Ce n'était pas lui qui leur lançait des projectiles meurtriers; au fracas des vitres qui se brisent, à la vue des demoiselles qui s'évanouissent, il cherche l'explication de ce qui se passe et la devine, par une inspiration subite.

La rue était complétement déserte : un fiacre venait de passer et de disparaître. Il courut à la poursuite de ce fiacre, il parvint à le rejoindre et à l'arrêter.

Un homme seul était dans le fiacre, et cet homme n'était autre que J..., qu'on croyait à Bruxelles; il ne chercha pas à nier la mystification dont il était l'auteur et que trahissaient ses poches remplies de balles.

On le conduisit chez le commissaire de police et de là en prison; il fut interrogé, il fut jugé en police correctionnelle, et condamné à six mois de prison et à 500 fr. d'amende.

Il se défendit, dans le procès, en disant seulement qu'il n'avait pas eu l'intention de faire du mal à personne et qu'il était prêt à payer les carreaux cassés.

Le Déjeuner des Mystificateurs n'avait pas été mis en cause, mais il se rendit justice et cessa d'exister, en s'attribuant une bonne part dans la punition d'un de ses membres les plus actifs.

A quelque temps de là, J... mourait de chagrin; quant à la Mystification, elle devait lui survivre, mais en perdant pour jamais tout son crédit en matière de gouvernement et de politique.

A la suite de la révolution de Juillet, plusieurs des notables du Déjeuner des Mystificateurs se firent hommes d'État, députés, préfets, ministres; les autres restèrent vaudevillistes, folliculaires et gens d'esprit.

FIN.

# ROMANS DU BIBLIOPHILE JACOB

### NOUVELLE ÉDITION

Ces romans, qui ont été réimprimés cinq ou six fois, en différents formats, et traduits en plusieurs langues, manquent depuis longtemps dans le commerce de la librairie. L'auteur en prépare une nouvelle édition revue et corrigée, qui formera 28 à 30 volumes in-12.

Voici la liste des romans, publiés depuis l'année 1829, par le Bibliophile Jacob, qui se propose de les faire reparaître en trois séries :

1° Romans-histoires, relatifs à l'histoire de France ;
2° Romans de mœurs ;
3° Contes et nouvelles historiques.

### ROMANS-HISTOIRES

1437. — **La Danse Macabre**, histoire du temps de Charles VII, 1 vol. in-8.

1440. — **Les Francs-Taupins,** histoire du temps de Charles VII, 3 vol. in-8.

1514. — **Le Roi des Ribauds**, histoire du temps de Louis XII, 2 vol. in-8.

1525. — **Les Deux Fous,** histoire du temps de François I$^{er}$, 2 vol. in-8.

1572. — **La dette de jeu,** histoire du temps de Charles IX, 2 vol. in-8.

1605. — **La Sœur du Maugrabin**, histoire du temps de Henri IV, 2 vol. in-8.

1635. — **Les Aventures du grand Balzac,** histoire comique du temps de Louis XIII, 2 vol. in-8.

1666. — **Le Singe**, histoire du temps de Louis XIV, 2 vol. in-8.

1669. — **Une Aventure de Racine,** histoire du temps de Louis XIV, 1 vol. in-8.

1680. — **Pignerol,** histoire du temps de Louis XIV, 2 vol. in-8.
1683. — **Le Comte de Vermandois,** histoire du temps de Louis XIV, 7 vol. in-8.
1693. — **La Folle d'Orléans,** histoire du temps de Louis XIV, 2 vol. in-8.
1712. — **La Chambre des Poisons,** histoire du temps de Louis XIV, 2 vol. in-8.
1737. — **La Comtesse de Choiseul-Praslin,** histoire du temps de Louis XV, 2 vol. in-8.
1760. — **Le Ghetto,** ou le Quartier des Juifs, histoire du temps de Louis XV, 3 vol. in-8.
1770-1794. — **La Marquise de Chatillard,** histoire du temps de Louis XV et de la Révolution, 2 vol. in-8.
1794. — **Le Chevalier de Chaville,** histoire du temps de la Terreur, 2 vol. in-8.
1814. — **Un Divorce,** histoire du temps de l'Empire, 1 vol. in-8.
1820-23. — **Vertu et Tempérament,** histoire du temps de la Restauration, 2 vol. in-8.

## ROMANS DE MŒURS

**De près et de loin,** roman conjugal, 2 vol. in-8.
**Une Femme malheureuse,** 1re *partie* : Fille, Femme, 2 vol. in-8. 2e *partie* : Amante, Mère, 2 vol. in-8.
**Le Marchand du Havre,** histoire contemporaine, 1 vol. in-8.
**Un Duel sans témoins,** histoire contemporaine, 2 vol. in-8.

## CONTES ET NOUVELLES HISTORIQUES

**Les Soirées de Walter Scott,** 2 vol. in-8.
**Le bon vieux temps,** 2 vol. in-8.
**Quand j'étais jeune,** Souvenirs d'un Vieux, 2 vol. in-8.
**Medianoches,** 2 vol. in-8.
**Une Nuit dans les bois,** 2 vol. in-8.

# TABLE DES MATIÈRES

| | Pages. |
|---|---|
| A Madame Alex. Ciechanoviecka, née de Risnitch. | 1 |
| Origines de la Mystification . . . . . . . . . . . | 3 |
| Les Correspondances de Caillot-Duval . . . . . . . | 19 |
| Les Repas de Grimod de la Reynière. . . . . . . . | 87 |
| Les Déjeuners des Mystificateurs du Palais-Royal . . . | 145 |

## NOUVELLES ŒUVRES DU BIBLIOPHILE JAC[OB]

FORMAT IN-12

**Le Médecin de l'Opéra.** Roman psychologique. 2ᵉ édit. 1

**Le Dieu Pepetius.** Roman archéologique. 2ᵉ édition. 1

**Les Mystificateurs et les Mystifiés.** Histoires comiques. Première série . . . . . . . . . . . . . . . . 1

*POUR PARAITRE SUCCESSIVEMENT*

DANS LE MÊME FORMAT

**Les Mystificateurs et les Mystifiés.** Histoires comiques. Deuxième série. . . . . . . . . . . . . . . 1

**Les Toiles d'araignée.** Historiettes et Nouvelles. . . 1

**Les Secrets de beauté de Diane de Poitiers.** 3ᵉ édit. 1

**Impressions de voyage en Italie.** 2ᵉ édit. . . . . . . 1

**Poésies et Œuvres dramatiques.** . . . . . . . . . 2

6928. — Paris. Typ. de Ch. Meyrueis, 13, rue Cujas. — 1875.

www.ingramcontent.com/pod-product-compliance
Lightning Source LLC
Chambersburg PA
CBHW060655170426
43199CB00012B/1806